禅解儒道丛书

杨仁山 著 ○ 梅 愚（校点）

经典发隐

长江出版传媒 | 崇文书局

图书在版编目(CIP)数据

经典发隐/(清)杨仁山著；梅愚校点.--武汉：崇文书局，2016.9

ISBN 978-7-5403-4202-9

Ⅰ.①经… Ⅱ.①杨…②梅… Ⅲ.①佛教-文集Ⅳ.①B948-53

中国版本图书馆 CIP 数据核字(2016)第 181216 号

经典发隐

出版发行	崇文书局有限公司
	(武汉市雄楚大街 268 号 · 湖北出版文化城 C 座 11 层 430070)
营销电话	027 - 87393855　　　　传真：027 - 87679712
印　　刷	武汉中科兴业印务有限公司
开　　本	880×1230 毫米　1/32
印　　张	5.375
字　　数	120 千字
版　　次	2016 年 9 月第 1 版
印　　次	2016 年 9 月第 1 次印刷
印　　数	1-7000 册
书　　号	ISBN 978-7-5403-4202-9
定　　价	22.00 元

整理说明

一、《经典发隐》包括《论语发隐》《孟子发隐》《阴符经发隐》《道德经发隐》《冲虚经发隐》《南华经发隐》，以金陵刻经处《杨仁山居士遗著》第五册和第六册为底本。

二、附录中收入杨居士弘扬佛法的两篇通俗读物《佛教初学课本》和《十宗略说》，依据金陵刻经处《杨仁山居士遗著》第四册；另收入杨居士大弟子欧阳渐的《杨仁山居士传》和《杨仁山居士事略》，分别依据金陵刻经处《欧阳竟无先生内外学》第十二册、《杨仁山居士遗著》第一册。最后收入龚鹏程先生的《杨仁山笺释道书考》一文，供读者参考。

三、原书为繁体竖排，今改为简体（为避免歧义，保留了若干异体字、繁体字）横排，并依文义予以分段，且施以现代标点。校正字词有讹误者，于脚注中标出。

四、书中《论语》《孟子》《阴符经》《道德经》《冲虚经》《南华经》原文依杨居士的"发隐"句读。

五、本书乃杨居士择取儒道六部"经典"中之重要篇章，而发前人之所未发之义。

目 录

经典发隐

论语发隐

子曰:"学而时习之,不亦说乎?有朋自远方来,不亦乐乎?人不知而不愠,不亦君子乎?"

开章言学,须知为学之方,详在《大学》前篇。孔子自言下学而上达,诚为学之正轨也。时时习之,日有进益,以期造乎至善之地,则中心喜悦可知矣。朋自远来,同声相应,同气相求也,其乐何如!设人不知而内自愠,是谓徇人,则非君子之道矣。

有子曰:"其为人也孝弟,而好犯上者,鲜矣;不好犯上,而好作乱者,未之有也。君子务本,本立而道生。孝弟也者,其为仁之本与与!"

有子此言,以孝弟治天下,得圣门一贯之旨也。

子曰:"禘,自既灌而往者,吾不欲观之矣。"

灌所以降神,诚无感通,神不来格,此祭便成虚设,故不欲观。

祭如在，祭神如神在。子曰："吾不与祭，如不祭。"

两"如"字最妙，记者因闻孔子之言，而知孔子祭时，有此种观境也。

子谓子贡曰："汝与回也孰愈？"对曰："赐也何敢望回？回也闻一以知十，赐也闻一以知二。"子曰："弗如也！吾与汝弗如也。"

《维摩经》中，三十二菩萨，皆以对法显不二法门。六祖《坛经》，以三十六对，显禅宗妙义。子贡闻一知二者，即从对法上知一贯之旨也。若颜子闻一知十者，乃证华严法门也。经中凡举一法，即具十门，重重无尽，名为圆融法界。子贡能知颜子造诣之深，复能自知修道分齐，故孔子印其弗如而与之也。

子曰："默而识之，学而不厌，诲人不倦，何有于我哉？"

下文夫子自许"为之不厌，诲人不倦。"此章"何有于我"之句，疑传写有误。

子谓颜渊曰："用之则行，舍之则藏，惟我与尔有是夫！"

意、必、固、我，四者皆无，故用行舍藏，无可不可。孔子独许颜子，非他人所能也。

子曰："饭疏食饮水，曲肱而枕之，乐亦在其中矣。不义而富且贵，于我如浮云。"

此章与颜子箪瓢陋巷之乐相同，故知孔颜心心相印也。

叶公问孔子于子路，子路不对。子曰："汝奚不曰'其为人也，发愤忘食，乐以忘忧，不知老之将至'云尔。"

孔子所用是直心。直心者，纯而不杂，非如世人杂虑交攻之心也。

子钓而不网，弋不射宿。

时人有设网与射宿者，孔子辄止之，钓与弋未尝禁也。门下士因悟孔子接引学徒之方，遂记此二言。观"陈亢问伯鱼"一章，便可知矣。一部《论语》中，弋钓之机，时时有之。乃至古今圣贤，莫不如是。禅门所谓垂钓看箭，亦此意也。近世以传教为务者，则设网射宿矣。

子曰："若圣与仁，则吾岂敢？抑为之不厌，诲人不倦，则可谓云尔已矣。"公西华曰："正唯弟子不能学也。"

自修化人，皆无限量。所以不居圣与仁者，刬其朕迹也。公西华窥见一斑，知非浅境，故生敬仰。

曾子有疾，召门弟子曰："启予足！启予手！《诗》云：'战战兢兢，如临深渊，如履薄冰。'而今而后，吾知免夫！小子！"

菩萨现身人道，欲护持在家律仪，毫无违犯，难之又难也。曾子冰渊自懔，至临终时，方知得免。若据此章，便谓儒家修己局于一生，死后无事，亦浅之乎测纯儒矣。

子绝四：毋意，毋必，毋固，毋我。

此四病，一切学者，均须除尽。但学有浅深，则除有先后。四者之中，以我为根，我病若除，则前三尽绝矣。

子曰："吾有知乎哉？无知也。有鄙夫问于我，空空如也，我叩其两端而竭焉。"

杨子读《论语》至此，合掌高声唱曰："南无大空王如来！"闻者惊曰："读孔子书，而称佛名，何也？"杨子曰："子以谓孔子与佛有二致乎？设有二致，则佛不得为三界尊，孔子不得为万世师矣。《论语》一书，能见孔子全体大用者，唯此章耳。夫无知者，般若真空也。情与无情，莫不以此为体。虽遇劣机，一以本分接之。盖鄙夫所执，不出两端，所谓有无、一异、俱不俱、常无常等法。孔子叩其两端，而竭其妄知，则鄙夫当体空空，与孔子之无知何以异哉？"

将欲显示根本无分别智，先以有知纵之，次以无知夺之。虽下劣之机，来问于我，亦以真空接之。"空空如也"四字，形容得妙。世人之心，不出两端。孔子以空义叩而竭之，则鄙夫自失其妄执，而悟真空妙谛矣。

食不厌精，脍不厌细。

厌粗而喜精，人之常情也。矫枉过正者，厌精而就粗。孔子既不厌粗，复不厌精，但可食则食之而已。

厩焚。子退朝，曰："伤人乎？"不问马。

此章各家注解，均未达其意。一者解"不问马"之言，谓孔子贵人而贱畜，不合埋马以帷之义。二者以"不"字连上读，谓先问人而后问马。似觉有理，然亦寻常之事，门人所不记也。当知厩中本自无马，马从朝中驾车而归。孔子见厩已焚，只问伤人一语，绝无诘责之辞。门人见其不动声色，异而记之。后人妄添"不问马"三字，遂使意味索然也。

季路问事鬼神。子曰："未能事人，焉能事鬼？""敢问死。"曰："未知生，焉知死。"

子路就远处问，孔子就当处答，大似禅机。盖子路忿世俗以欺诈事人，问其事鬼神亦容得欺诈否？故孔子答以既不能事人，亦不能事鬼。子路又问此等人死后如何？孔子答以生不成为生，死亦不成为死。

复次子路问事鬼神，意谓幽冥之道，与人世有别也。孔子答意，能尽事人之道，即与事鬼神无别也。又问死意，谓死后无迹可寻，一灵真性，向何处去？孔子答意，当知生时灵性何在，便知死后不异生时也。

"点！尔何如？"鼓瑟希，铿尔，舍瑟而作，对曰："异乎三子者之撰。"子曰："何伤乎？亦各言其志也。"曰："莫春者，春服既成。冠者五六人，童子六七人，浴乎沂，风乎舞雩，咏而归。"夫子喟然叹曰："吾与点也！"

鼓瑟所以调心。当孔子与群贤问答之时，曾皙鼓瑟未停，可见古人用功，无片刻间断也。问言将及，铿尔舍瑟，何等雍容自在。不待出言，已知其涵养功深矣。三子皆言经世，曾皙独言洁己，所以异也。

下文言志，当以表法释之。"暮春"者，喻人生壮盛之时
也。"春服既成"者，喻为学之方，渐有成效也。"冠者五六人，童
子六七人"，引导初机，循序而进，不拘长幼偕行也。"浴乎
沂"者，涤除粗垢也。"风乎舞雩"者，消散细惑也。"咏而归"，一
唱三叹，以复其性之本然也。"夫子喟然叹曰：'吾与点也！'"如
六祖印怀让云："汝如是，吾亦如是。"曾皙之言，正心修身，道
之体也。三子之言，治国平天下，道之用也。有体方有用，圣
门所重者，在修己之道耳。

颜渊问仁。子曰："克己复礼为仁。一日克己复礼，天
下归仁焉。为仁由己，而由人乎哉？"颜渊曰："请问
其目。"子曰："非礼勿视，非礼勿听，非礼勿言，非礼
勿动。"颜渊曰："回虽不敏，请事斯语矣。"

己者，七识我执也。礼者，平等性智也。仁者，性净本觉
也。转七识为平等性智，则天下无不平等，而归于性净本觉矣。盖
仁之体，一切众生本自具足。只因七识染污意，起俱生分别我
执。于无障阂中，妄见种种障阂。若破我执，自复平等之礼，便
见天下人无不同仁。此所以由己而不由人也。颜子既领此意，便
问修习之方。孔子令其在视、听、言、动上净除习气，稍违平等
性，便是非礼，即须治之。颜子心领神会，便请从事矣。

季康子问政于孔子。孔子对曰："政者，正也。子帅
以正，孰敢不正？"

"子帅"二语，不但答季康子，即为天下后世为人上者之针

砭也。

季康子患盗,问于孔子。孔子对曰:"苟子之不欲,虽赏之不窃。"

此言直指季康子为盗魁。

季康子问政于孔子曰:"如杀无道,以就有道,何如?"孔子对曰:"子为政,焉用杀?子欲善,而民善矣。君子之德风,小人之德草。草上之风,必偃。"

"子为政"一语,如惊天之雷,指示季康子以绝大作用。

以上三章,孔子见得季康子是个人,方施此等键椎。可惜当机不知痛痒。然较今之从政者,则远胜矣。今时执政前,无人敢发此语。倘答一次,决无再问三问也。

樊迟请学稼。子曰:"吾不如老农。"请学为圃。曰:"吾不如老圃。"樊迟出。子曰:"小人哉,樊须也!上好礼,则民莫敢不敬;上好义,则民莫敢不服;上好信,则民莫敢不用情。夫如是,则四方之民襁负其子而至矣。焉用稼?"

樊迟见得世无可为,遂欲高蹈弃世,作独善之计。然犹不敢自决,故请学稼。孔子以旁机答之。复不甘心,又请学圃。孔子仍以旁机答之,樊迟心折而出矣。孔子以小人斥之者,斥其舍离兼善之心也。孔子行菩萨道,不许门人退入二乘,其慈悲行愿有如此者。

子夏为莒父宰，问政。子曰："无欲速，无见小利。欲速则不达，见小利则大事不成。"

学佛者亦须知此意。欲速则不能通达深义。见小利，或贪味禅，或求小果，则不能成就无上菩提。

子曰："贤者辟世，其次辟地，其次辟色，其次辟言。"

孔子见去位者多而叹之，然孔子则未尝辟也。"辟世"之言，解之者，均是辟地，非辟世也。必须断三界结使，证独觉道，方称辟世。身虽在世，而心已离世矣。然非上智者不能。其次则有三等。程子谓四者无有优劣，非也。

子路宿于石门，晨门曰："奚自？"子路曰："自孔氏。"曰："是知其不可而为之者与？"

形容孔子，至此言而尽矣。胡氏谓晨门以是讥孔子。不但不知晨门，亦并不知孔子。盖孔子不论可不可，但尽其在我而已。

子击磬于卫。有荷蒉而过孔氏之门者，曰："有心哉！击磬乎！"既而曰："鄙哉！硁硁乎！莫己知也，斯已而已矣。深则厉，浅则揭。"子曰："果哉！末之难矣。"

闻击磬而叹有心，可谓孔子之知音矣。下文以自了汉期孔子，实未知孔子之用心也。"斯已而已"之语，所谓要了便了，不必迟回。烦恼深流，猛厉而过；虚妄浅流，轻揭而度。何不早登彼岸耶？孔子轻小果而不为，故笑而置之。

子曰："性相近也，习相远也。"

此性，应指八识起妄之原也。起处甚微细，所以相近。及乎习于善恶，则千差万别，愈趋而愈远矣。

子曰："予欲无言。"子贡曰："子如不言，则小子何述焉？"子曰："天何言哉？四时行焉，百物生焉。天何言哉？"

孔子终日言而未尝言，终日不言而未尝不言。忽以"予欲无言"四字微示其意。子贡名言习气未忘，以为非言则无以述。孔子复云天不言而时行物生，以喻大道之妙。若会其意，则知孔子常在世间，入一切众生心中，随机化导，何有生死去来之相耶？章末复加"天何言哉"一语，其悠扬咏叹之致，令子贡心领而神会也。

孟子发隐

《孟子》全书宗旨，曰仁义，曰性善。立意甚佳，但见道未彻。其所言性，专认后天，而未达先天。以赤子之心为至善，殊不知赤子正在无明窟宅之中。其长大时，一切妄念，皆从种子识内发出。所说仁义，亦以情量限之，谓与利为反对之事，以致游说诸王，皆不能入。若说仁义为利国之大端，而说利国当以仁义为首务，则诸王中或有信而乐从者矣。

孟子见梁惠王。王曰："叟！不远千里而来，亦将有以利吾国乎？"孟子对曰："王何必曰利？亦有仁义而已矣。王曰：'何以利吾国？'大夫曰：'何以利吾家？'士庶人曰：'何以利吾身？'上下交征利，而国危矣。万乘之国，弑其君者，必千乘之家；千乘之国，弑其君者，必百乘之家。万取千焉，千取百焉，不为不多矣。苟为后义而先利，不夺不厌。未有仁而遗其亲者也，未有义而后其君者也。王亦曰仁义而已矣，何必曰利？"

利者，害之反也。王曰何以利吾国，是公利，非私利也。孟

11

子曰"上下交征利"，则专指聚敛矣，与梁王问意不合，故非真能破。《告子下》篇，宋牼欲罢兵，将言其不利，孟子以去仁义怀利斥之。可见孟子以利与仁义决非并行，亦不合孔子之道。观《子适卫》一章，先言富而后言教。又"足食足兵，民信之矣"，亦以富强与信交相为用。至必不得已之时，方去兵去食而留信。未有专言信，而概废兵与食也。

燕人畔。王曰："吾甚惭于孟子。"陈贾曰："王无患焉。王自以为与周公，孰仁且智？"王曰："恶！是何言也？"曰："周公使管叔监殷，管叔以殷畔。知而使之，是不仁也。不知而使之，是不智也。仁、智，周公未之尽也，而况于王乎？贾请见而解之。"见孟子，问曰："周公何人也？"曰："古圣人也。"曰："使管叔监殷，管叔以殷畔也，有诸？"曰："然。"曰："周公知其将畔而使之与？"曰："不知也。""然则圣人且有过与？"曰："周公弟也，管叔兄也。周公之过，不亦宜乎？"

以弟兄二字，为周公文过，实不足以折人心。盖周公以刚健正直之心，行大公无我之事，岂有私情萦怀，而行赏罚于其间乎？

孟子曰："道在尔而求诸远，事在易而求诸难。人人亲其亲，长其长，而天下平。"

上下千古，纵横万里，欲得人人亲其亲，长其长，岂可得哉？然则天下无太平之日乎？曰：非也。致乱之根，在于妄想。破妄显真，天下太平矣。

子产听郑国之政，以其乘舆，济人于溱洧。孟子曰："惠而不知为政。岁十一月徒杠成，十二月舆梁成，民未病涉也。君子平其政，行辟人可也，焉得人人而济之？故为政者，每人而悦之，日亦不足矣。"

子产见人徒涉，即以乘舆济之，乃偶尔之事耳。孟子好责人，于此可见。

孟子曰："大人者，不失其赤子之心者也。"

从无明妄想受生而成赤子。孟子不知，直以此为纯全之德，故所谈性善，盖不能透彻本原也。

徐子曰："仲尼亟称于水，曰：'水哉！水哉！'何取于水也？"孟子曰："原泉混混，不舍昼夜。盈科而后进，放乎四海。有本者如是，是之取尔。苟为无本，七八月之间雨集，沟浍皆盈；其涸也，可立而待也。故声闻过情，君子耻之。"

仲尼之叹水，勿论其有本无本也。观其重叹，乃叹其性德耳。水性常清，虽泥混之使浊，而清性不改。水性常静，虽风鼓之使动，而静性不改。恰似人之本性，是以仲尼亟称之也。

孟子曰："君子所以异于人者，以其存心也。君子以仁存心，以礼存心。仁者爱人，有礼者敬人。爱人者，人恒爱之；敬人者，人恒敬之。有人于此，其待我以横逆，则君子必自反也：我必不仁也，必无礼也，此物奚宜至哉！其自反而仁矣，自反而有礼矣。其横逆由是也，君子必自反也：我必不忠。自反而忠矣。其横逆由是也，君子曰：'此亦妄人也已矣。如此，则与禽兽奚择哉？于禽兽又何难焉？'"

菩萨见此等人，益加怜愍。孟子乃以轻慢之心视之，去圣道远矣。

万章曰："父母使舜完廪，捐阶，瞽瞍焚廪。使浚井，出，从而揜之。象曰：'谟盖都君，咸我绩。牛羊父母，仓廪父母，干戈朕，琴朕，弤朕，二嫂使治朕栖。'象往入舜宫，舜在床琴。象曰：'郁陶思君尔。'忸怩。舜曰：'惟兹臣庶，汝其于予治。'不识舜不知象之将杀己欤？"曰："奚而不知也？象忧亦忧，象喜亦喜。"曰："然则舜伪喜者与？"曰："否。昔者有馈生鱼于郑子产，子产使校人畜之池。校人烹之，反命曰：'始舍之，圉圉焉，少则洋洋焉，攸然而逝。'子产曰：'得其所哉！得其所哉！'校人出，曰：'孰谓子产智？予既烹而食之，曰：得其所哉！得其所哉！'故君子可欺以其方，难罔以非其道。彼以爱兄之道来，故诚信而喜之，奚伪焉？"

大圣应现，非凡所测。完廪浚井，皆以神通得出。瞽瞍与象，均是大权菩萨，成全舜之盛德。孟子所解，全无交涉。

万章问曰："象日以杀舜为事。立为天子则放之，何也？"孟子曰："封之也。或曰放焉。"万章曰："舜流共工于幽州，放欢兜于崇山，杀三苗于三危，殛鲧于羽山，四罪而天下咸服，诛不仁也。象至不仁，封之有庳，有庳之人奚罪焉？仁人固如是乎？在他人则诛之，在弟则封之。"曰："仁人之于弟也，不藏怒焉，不宿怨焉，亲爱之而已矣。亲之，欲其贵也；爱之，欲其富也。封之有庳，富贵之也。身为天子，弟为匹夫，可谓亲爱之乎？"

以世俗之情而观古圣。想帝舜在天之灵，当发一笑也。

"敢问'或曰放'者，何谓也？"曰："象不得有为于其国，天子使吏治其国，而纳其贡税焉，故谓之放。岂得暴彼民哉？虽然，欲常常而见之，故源源而来。'不及贡，以政接于有庳'，此之谓也。"

象若怙恶不悛，天子尚不畏，何有于吏？

万章曰："尧以天下与舜，有诸？"孟子曰："否。天子不能以天下与人。""然则舜有天下也，孰与之？"曰："天与之。""天与之者，谆谆然命之乎？"曰："否。天不言，以行与事示之而已矣。"曰："以行与事示之者如之何？"曰："天子能荐人于天，不能使天与之天下；诸侯能荐人于天子，不能使天子与之诸侯；大夫能荐人于诸侯，不能使诸侯与之大夫。故曰，天不言，以行与事示之而已矣。"

上天之载，无声无臭，此善于言天者也。孟子言天，迹涉有为，是高于天下一等耳。西教盛行，当以孟子为证据也。

万章问曰："人有言，'至于禹而德衰，不传于贤而传于子。'有诸？"孟子曰："否，不然也。天与贤则与贤，天与子则与子。昔者舜荐禹于天，十有七年，舜崩。三年之丧毕，禹避舜之子于阳城。天下之民从之，若尧崩之后不从尧之子而从舜也。禹荐益于天，七年，禹崩。三年之丧毕，益避禹之子于箕山之阴。朝觐讼狱者，不之益而之启，曰：'吾君之子也。'讴歌者不讴歌益而讴歌启，曰：'吾君之子也。'"

与贤与子，皆天主之。后世与暴与虐，亦天主之。天既能主，何不尽弃暴虐而与圣贤？则永远太平，不见乱世矣。

"丹朱之不肖，舜之子亦不肖。舜之相尧、禹之相舜也，历年多，施泽于民久。启贤，能敬承继禹之道。益之相禹也，历年少，施泽于民未久。舜、禹、益相去久远，其子之贤不肖，皆天也，非人之所能为也。莫之为而为者，天也；莫之致而至者，命也。"

以子之贤不肖，均归于天。不解天何薄于此而厚于彼耶？

告子曰:"性,犹杞柳也。义,犹桮桊也。以人性为仁义,犹以杞柳为桮桊。"孟子曰:"子能顺杞柳之性而以为桮桊乎?将戕贼杞柳,而后以为桮桊也?如将戕贼杞柳而以为桮桊,则亦将戕贼人以为仁义欤?率天下之人而祸仁义者,必子之言夫!"

告子不知自性本空,故以杞柳为喻。孟子以戕贼破之,仅破其妄计,而未显其本原也。

告子曰:"性,犹湍水也。决诸东方则东流,决诸西方则西流。人性之无分于善不善也,犹水之无分于东西也。"孟子曰:"水信无分于东西,无分于上下乎?人性之善也,犹水之就下也。人无有不善,水无有不下。今夫水,搏而跃之,可使过颡;激而行之,可使在山。是岂水之性哉?其势则然也。人之可使为不善,其性亦犹是也。"

告子又认随物流转者为性,是知有妄缘,而不知有真常也。孟子立性善为宗,就先天说则可,而孟子专指后天说,故非真能立,亦非真能破。且以搏跃激行喻人之为不善,试问普天下苍生,不搏不激,其能人人向善乎?

告子曰:"生之谓性。"孟子曰:"生之谓性也,犹白之谓白欤?"曰:"然。""白羽之白也,犹白雪之白;白雪之白,犹白玉之白欤?"曰:"然。""然则犬之性,犹牛之性；牛之性，犹人之性欤？"

性本无生，而以生谓性。孟子即就生字上判犬牛与人性有差别，是以随业受生之识为性。岂知六道智愚，虽判若天渊，而本原之性未尝异也。

告子曰："食、色，性也。仁，内也，非外也；义，外也，非内也。"孟子曰："何以谓仁内义外也？"曰："彼长而我长之，非有长于我也；犹彼白而我白之，从其白于外也，故谓之外也。"曰："白马之白也，无以异于白人之白也；不识长马之长也，无以异于长人之长欤？且谓长者义乎，长之者义乎？"曰："吾弟则爱之，秦人之弟则不爱也，是以我为悦者也，故谓之内。长楚人之长，亦长吾之长，是以长为悦者也，故谓之外也。"曰："耆秦人之炙，无以异于耆吾炙，夫物则亦有然者也，然则耆炙亦有外与？"

食色牵引妄识，认作自性，故有仁内义外之执。孟子所辩，根于内心，是为得之。

告子初以杞柳喻性，是不知性空也。次以湍水喻性，是不知性本无动也。三以生谓性，是不知性本无生也。四以食色为性，是不知逐物者为妄情非本性也。

孟子答，初章以戕贼对破，恰合正理。

其第二章，告子只认随物流转者为性，是知有妄缘，而不知有真常也。孟子亦只知后天性，不知先天性。故此章答词，皆不合真理。夫以搏跃激行，喻人之为不善，试使聚天下苍生，不搏不激，其能向善者，有几人乎？

第三章，孟子举犬牛与人，以显差别，是以随业现行之识为性，而不知六道受生，虽判若天渊，而本原之性未尝异也。

第四章，告子以仁义分内外，是大错误。孟子皆以非外辩之，似颇为有理。

公都子问曰："钧是人也，或为大人，或为小人，何也？"孟子曰："从其大体为大人，从其小体为小人。"曰："钧是人也，或从其大体，或从其小体，何也？"曰："耳目之官不思，而蔽于物。物交物，则引之而已矣。心之官则思，思则得之，不思则不得也。此天之所与我者。先立乎其大者，则其小者不能夺也。此为大人而已矣。"

《庄子》云，"夫徇耳目内通而外于心思，鬼神将来舍，而况于人乎？"等语，正与此章相反。凡人因耳目而蔽于物，心蔽之也。见色闻声，刹那已过，心缘色声谢落影子，方造恶业。孟子不知，强分大小，直以能思之心，为大人之体，未明心体无思之妙也。

孟子曰："有天爵者，有人爵者。仁义忠信，乐善不倦，此天爵也。公卿大夫，此人爵也。古之人修其天爵，而人爵从之。今之人修其天爵，以要人爵，既得人爵，而弃其天爵，则惑之甚者也。终亦必亡而已矣。"

须知有要人爵之心，则修时已非真天爵。否则岂肯弃之耶？

孟子曰："五谷者，种之美者也。苟为不熟，不如荑稗。夫仁亦在乎熟之而已矣。"

此喻不洽。盖为仁无论熟不熟，总胜他道。不知孟子心中以何为仁耶？

孟子曰："人之所不学而能者，其良能也；所不虑而知者，其良知也。孩提之童，无不知爱其亲也；及其长也，无不知敬其兄也。亲亲，仁也；敬长，义也。无他，达之天下也。"

良知良能之语，陆、王之徒，翕然从风。然孟子此言，实未见自性之用。观下文"童爱亲、长敬兄"二语，申明此理，可见孟子专论后天性，未尝知有先天性也。

谨案：《论语》《孟子》二书，先生欲加阐发，各章均于原书加以标识，未遑属稿。间有批于原书上幅者，实其少分，兹为撮录如上，盖皆未竟之稿也。编者识。

阴符经发隐

阴符经

黄帝公孙轩辕　著

隐微难见，故名为"阴"；妙合大道，名之为"符"。经者，万古常法也，后人撰述如纬。

考古之家，称《阴符经》广成子授之黄帝，或称黄帝所作，或称玄女，或称风后，莫综一是。唐李筌得于嵩山石壁。一云骊山老姥授之李筌。后人疑为李筌所为，诚属谬论。统观经意，非大圣不能作。上古鸿荒未辟，文教之兴，始于黄帝。故老、列、庄所引用者，多黄帝之言。此经无论何人所传，其微言奥义，必出于黄帝，故以题黄帝作为正。

上篇

观天之道，执天之行，尽矣。天有五贼，见之者昌。五贼在心，施行于天。宇宙在乎手，万化生乎身。天性，人也；人心，机也。立天之道，以定人也。天发杀机，移星易宿；地发杀机，龙蛇起陆；人发杀机，天地反覆；天人合发，万化定基。性有巧拙，可以伏藏。九窍之邪，在乎三要，可以动静。火生于木，祸发必克；奸生于国，时动必溃。知之修炼，谓之圣人。

中篇

天生天杀，道之理也。天地，万物之盗；万物，人之盗；人，万物之盗。三盗既宜，三才既安。故曰：食其时，百骸理；动其机，万化安。人知其神之神，不知其不神之所以神。日月有数，小大有定，圣功生焉，神明出焉。其盗机也，天下莫能见，莫能知。君子得之固躬，小人得之轻命。

下篇

瞽者善听，聋者善视。绝利一源，用师十倍。三返昼夜，用师万倍。心，生于物，死于物，机在目。天之无恩，而大恩生。迅雷烈风，莫不蠢然。至乐性余，至静性廉。天之至私，用之至公。禽之制在气。生者死之根，死者生之根。恩生于害，害生于恩。愚人以天地文理圣，我以时物文理哲。人以愚虞圣，我以不愚虞圣；人以奇期圣，我以不奇期圣。沉水入火，自取灭亡。自然之道静，故天地万物生。天地之道浸，故阴阳胜。阴阳相推，而变化顺矣。是故圣人知自然之道不可违，因而制之。至静之道，律历所不能契。爰有奇器，是生万象。八卦甲子，神机鬼藏。阴阳相胜之术，昭昭乎进于象矣。

此经四百四十六言。向称三百言者，误也。闵氏刻本，立三章名目，覈与经意不称，显系后人增置，今不用之，仍以上、中、下分篇。学者须将正文熟读深思，体究古圣垂言之意，先后脉络一气贯通，然后披阅后之注解，与自己见处是同是别，方有意味。若于经文未尝措心，即先阅发隐，恐堕依他作解之诮。想善读书者，当不以余言为河汉也。

阴符经发隐

予幼时喜读奇书，凡道家、兵家以及诸子，莫不购置。所得注《阴符》者凡四家，又录其正文以为读本，而莫知其义趣所在也。后专意学佛，一切杂学典籍，束之高阁，二十余年矣。顷因查检书笥，得抄本《阴符经》，流览一周，觉立言甚奇，非超凡入圣者不能作。遂悉心体究，而后恍然于古圣垂教之深意，直与佛经相为表里。但随方语言，文似各别，而义实相贯也。因略为疏其大旨，令人知所措心。若夫深造玄微，是在当人妙契耳。

或曰：古今解此经者，非指为兵机，即演成丹诀。子独以佛法释之，何也？

予曰：圣言如摩尼宝，仁者见之谓之仁，智者见之谓之智。且此经之可贵，有如黄金。若作铜铁用之，岂不可惜？故予直以甚深之义释之也。

或曰：然则子之所释者，亦有证据乎？

予曰：有。夫论道之书，莫精于佛经。佛经多种，莫妙于《华严》。悟《华严》宗旨者，始可与谈此道矣。古人有言：证入一真法界，真俗圆融，重重无尽，即世间离世间。岂有心契大道，而犹生隔碍者哉？所以善财童子参访知识，时而人间，时而天上，时而在神道，时而入毗卢楼阁。其传授正法者，或为天神，或为人王，或为比丘，或为居士，或为外道，或为妇女。和光混俗，人莫之知。惟深入法界，虚心寻觅，乃能见之。则谓作此经者，即华严法界善知识可也。有疑之者，以为黄帝生于释迦之前千数百年，何得指为华严善知识耶？予曰：华严法界，无古无今。去来现在，佛佛道同。故曰：惟此一事实，余二即非真。若以世俗情见求之，则去道远矣。

或曰：论道之书，与佛经相通者多矣，子独高视《阴符》何居？

予曰：尝观《关尹子》，而知非古书也。故于《阴符》而特尊之。《关尹》规仿释老以文其说，显系后人赝作，况不及《关尹》者乎？《阴符》无一语蹈袭佛经，而寻其意义，如出一辙。且字句险隽，脉络超脱，岂后人所能摹仿耶？凡观内外典籍，须具择法眼，方不随人脚跟转耳。

上篇

观天之道，真智显照，法界缘起。执天之行，玄机在握，返本还源。尽矣。竖穷横遍，无欠无馀。

开章十字，为全经纲领。中间出没变化，不离宗旨。至下篇"自然之道静"二十九个字，结成"观天之道"一语；"是故圣人"至篇末一段文，结成"执天之行"一语，而首尾圆足矣。"执"字，即宇宙在手也。即能执天之行，则万化自然生乎身矣。此即"先天而天勿违"者也。

《周易》说"先天"二字，最有深意。何谓先天？心超天地未生之先。禅宗所谓空劫以前一段光景。盖一念起处，根身器界同时现前，此心已落后天矣。所以见不超色，听不出声，总在无明牢笼之内也。"先天而天勿违"者，即禅宗"我为法王，于法自在"者也。

天有五贼，见之者昌。

"五贼"有二释：一就五行释，五行者，水、火、木、金、土。何以谓之五贼耶？盖生克相仍，乃流转之道。今专就相克而言，是以名之五贼。贼贼夺尽，即显真空，实返本还源之要也，故"见之者昌"。二就五尘释，五尘者，色、声、香、味、触，皆从外来，残害性真。故曰"天有五贼"。若见其元，贼为我用，故曰"见之者昌"。释氏曰："六为贼媒，自劫家宝。"此但云"五贼"者，以法尘不在于外，故非天所有也。

五贼在心，施行于天。三界唯心。

此的示贼之根元，以免向外驰求也。释典云"内色如外现"，与此同意。体会此义，则知篇首"天道""天行"，皆不出一心，下文"宇宙"二句，亦从此出。所谓百千法门，无量妙义，一时向毛头上会悟得去。

宇宙在乎手，统摄无遗。万化生乎身。出生无尽。

大用现前，人莫能测。释典所谓"身中现刹，刹中现身"，又云"转得山河归自己，转得自己归山河"者，皆此意也。

天性，法界体性。人也。在人言人，不必他求。人心，真妄和合。机也。无明不觉，一念妄动。立天之道，以定人也。以真性伏粗细二惑。

25

指示入道之方，何等直捷！何等精微！

天发杀机，移星易宿；地发杀机，龙蛇起陆；显依报非常之变，以起下文。**人发杀机，**命根顿断。**天地反覆。**迥异寻常。

天地不自发，以人发而发。但见人发，而不见天地发。是正报转，而依未转，尚在信位。

禅宗问："如何是诸佛出身处？"答曰："东山水上行。"又云："日午打三更，面南看北斗。"经云："一人发真归元，十方虚空尽皆销殒。"何况天地依空建立耶？

孔子赞颜回曰："退而省其私，亦足以发。"同此"发"字。

天人合发，依正全转。**万变定基。**人初住位。

"定"者，住也。"基"者，初发心住为四十二位之基也。

自开章至"万化生乎身"，统论道妙，以启信根。"天性"下，从信起修，是谓顿修；"天发"下，即修即断，是谓顿断；"天人"下，即断即证，是谓顿证。上智之士，一超直入，所谓初发心时，便成正觉，即与善财、龙女同流。

以上为根器极利者，说顿中之顿法门；下文为根器稍逊者，说顿中之渐法门。宣示身心邪正之别，以判逐妄归真之路。观两"可以"字，易如反掌，固知与下篇接机有别也。

性有巧拙，可以伏藏。

此节属心。妙智无住，名之为巧；业识染著，名之为拙。巧拙由心，而云性者，从其本也。智现，则业识伏；识生，则妙智藏。

九窍之邪，在乎三要，可以动静。

此节属身。三要者，目、口、阴也。此三窍最易起邪。动则随流，静则返本。

火生于木，喻心起惑。祸发必克；焦灼性灵。奸生于国，喻身造业。时动必溃。流转苦海。

上言逐妄之害，下言归真之益。

知之修炼，谓之圣人。

知之者，知其火与奸之为害也。修者，修其身也，有转邪归正之功。炼者，炼其心也，以智慧火，销烦恼垢，有炼矿成金之效，可以超凡入圣矣。

修炼之法，未曾说明，因上文"立天之道以定人"一语，足以概之。若欲详悉其方，须阅释典。以持戒修其身，以止观炼其心，循序而进，最易入道。

中篇

天生天杀，道之理也。

指现前共知共见者发端，为下文张本。

天地，万物之盗；承上启下。万物，人之盗；牵引意识，处处贪著。人，万物之盗。遍揽外境，以为我所。

此云天地，即是阴阳造化之理。三句互相钩锁，而以末句为主。下文返还，从此句出。

三盗既宜，三才既安。

愚人揽外五尘以为己有，名之为盗。智者知其唯心所现，用不离体，则盗得其宜，而三才安矣。经云："是法住法位，世间相常住。"既脱纠缠，而圆融无碍，涉入交参，是谓"既宜""既安"。

故曰：食其时，百骸理；动其机，万化安。

此引成语以释上文之意也。先喻，后法。人之盗机，吸取外尘，贪著不舍，如饮食无度，而通体成病矣。道者之心，如镜鉴形，物来则现，物去无迹。犹食之以时，而百骸调适。又盗机沾滞，汩没性灵。"动其机"者，摆脱凡情，活泼无碍，犹《金刚经》"应无所住而生其心"之意。又经云："众生处处著，引之令得出。"盖真性一显，物我皆忘。此正申明"三盗既宜，三才既安"之旨。

上明证道，下明起用。

人知其神之神，业识流转，隐含盗机。不知不神之所以神。般若无知而无不知。

此明根本无分别智，非世人所认缘虑心也。盖神之神者，有知而知者也，分别意识也；不神之所以神者，无知而无不知者也，根本无分别智也。此智现前，方能发起下文圣神之用。《楞严经》二种根本，一者无始死生轮回根本，即"神之神"也；二者无始涅槃元清净体，即"不神之所以神"也。孔子曰："吾有知乎哉？无知也。"亦是此意。

日月有数，大小有定。圣功生焉，神明出焉。

日月有数，时也；大小有定，方也。尽人而知之。体至道者，即此寻常事理之中，显出无穷妙用。于有数之中，而能延促自由，后先互换，乃圣功所由生也；于有定之中，而能大小相容，一多无碍，此神明所由出也。方山《华严论》云："十世古今，始终不离于当念；无边刹海，自他不隔于毫端。"非圣神其孰能与于斯。

因日月有数，而作甲子，以参错循环之法御之，所谓"圣功生焉"；因大小有定，而画八卦，以交互变通之理统之，所谓"神明出焉"。容成氏曰："除日无岁，无内无外。"亦是此义。

上明修因，下明契果。

其盗机也，天下莫能见，莫能知。君子得之固躬，小人得之轻命。得字，如罪人斯得之意。

此言盗机隐微难见，得之者获益有别也。上篇人心之机，但是妄动，未曾对境，故上根一踏，便登圣位。此言盗机，乃是起念取境之机。从此入者，尚须升进，方登圣位，故以君子称之。君子者，大乘种性，兼善天下者也。既得此机，则我执随破，而证无生。即老子所谓"无死地"，是名"固躬"。小人者，独善其身，不求利人者也，即独觉种性。既得此机，见无生理，便欲舍分段身，入於寂灭，所谓"轻命"也。

盗机因何要得？得之将何所益？岂知盗机非盗机也，乃家珍也。能见能知，则名为得。得无所得，盗亦非盗，机亦非机。客梦初回，归家稳坐矣。

君子、小人之称，有三种不同：一者，正直谓之君子，邪癖谓之小人，此古今所通用也；二者，在上谓之君子，在下谓之小人，如"君子之德风，小人之德草"是也；三者，气宇宽宏者谓之君子，心量狭隘者谓之小人，如"硁硁然小人哉"之类。虽云"小人"，而不失为有道之士，此与孔子贬樊迟之"小人"同意。盖樊迟请学稼，亦是见世道无可为，遂欲高蹈避世，学长沮、桀溺一流。殊不知孔子知其不可而为，正是大乘菩萨摄化众生之行。决不许门弟子舍大向小，作自了汉，入独觉道也。

下篇

瞽者善听，聋者善视。绝利一源，用师十倍。三返昼夜，用师万倍。南岳思禅师说三番止观，由浅至深，皆先观而后止，恰合"三返昼夜"之意。

此言破妄显真之力用也。前四句借言兴起，后二句正明力用。捣无明窟，灭烦恼贼，非雄师不为功。"三返昼夜"二语，最难体会。盖昼者光明洞达，喻如智慧；夜者阒寂渊深，喻如禅定。学人锐意精修，返流全一，六用不行，言思路绝，如同死人。忽而爆地迸裂，本智现前，尔时庆快平生，是谓一返昼夜。夫"绝利一源"者，已用师十倍。此一返昼夜者，则用师百倍。如是二返则千倍，三返则万倍。盖愈静而愈明，愈明而愈利矣。禅宗谓之三关透彻，即此意也。

心，生于物，死于物，机在目。

既言用师，必知贼之所在，方能禽之。机即贼之出没也。上篇"人心，机也"，心之机难见，借物以显之。物生心生，物灭心灭，生灭逐物，妄心无体。目之机，即心之机也。目见物，而心随之，人心之机，不亦显而可见乎？毗舍浮佛偈云"心本无生因境有"，与上句同意。禅宗云"我有一机，瞬目视伊"，亦示机在目也。

　　天之无恩，而大恩生。迅雷烈风，莫不蠢然。

　　既得其机，须观天道执天行也。无恩者，断除情爱也；大恩者，长养法身也。若就利他言之，即是无缘大慈。"迅雷烈风，莫不蠢然"，以喻显威神力，起死回生也。

　　至乐性馀，至静性廉。

　　既行大道，须防其弊。若见杀活自由，以为至乐，则名"性余"。馀者，盈溢之象也。若舍乐而趣至静，则名"性廉"。廉者，俭仄之义也。凡此二者，皆不称法性也。

　　天之至私，用之至公。

　　直须与天合德，方称妙道。会万物为自己，至私也；泽及万物而不居功，至公也。

　　禽之制在气。

　　上文所说修行法门，倘不能随顺趣入，须别设方便以渐导之。盖人心之不能定者，以其放纵也。今欲收摄身心，以成大定，其要在于气耳。禽之者，制心一缘也。气者，息也。调息乃有多门，凡夫、外道、大小三乘所通用者，以数息为先，极而至于获无生忍。《楞严经》内，反息循空，即证圆通。又令观鼻端白，亦得心开漏尽，成阿罗汉。气之为用大矣哉！

　　生者死之根，死者生之根。恩生于害，害生于恩。

　　既明制心之法，复示循环之理，令人知所厌求也。上文"心生于物，死于物"，妄心之生死，刹那不停也。此以调息为门，息出曰生，息入曰死，生死轮回，互为其根也。断生死，入涅槃，是谓"恩生于害"；恋情缘，沦生死，是谓"害生于恩"。古圣苦口诚言，婆心济世。后之学者，亦可以猛省矣。

前文为第三等人，开示修行法门竟。

向下呵斥庸愚，令其警悟。

愚人以天地文理圣，我以时物文理哲。

天地文理，形象昭明。愚人见以为圣，是见大而不见小，与自己身心毫无交涉。"时物文理"者，生化之源，缘起无性，悟其义者，能于小中见大，大中见小。方知天地与我同根，万物与我一体，可以谓之哲人矣。

人以愚虞圣，我以不愚虞圣；人以奇期圣，我以不奇期圣。

世俗之见，不达真理。见其体静，妄以为愚，而不知其性离暗钝；见其用大，妄以为奇，而不知其性德本具。

沉水入火，自取灭亡。

结前显害。盖以愚虞圣者，心趣昏昧，故喻沉水；以奇期圣者，心贪高举，故喻入火。自取灭亡者，汩性丧真也。

上来呵斥庸愚竟。下复统论世出世法，以结全经。

自然之道静，故天地万物生。天地之道浸，故阴阳胜。阴阳相推，而变化顺矣。

　　此段畅言流转之理，是世间法，为下文返还张本。"自然之道静，故天地万物生"，本性清净而有无明，不觉念起，妄与法违，变现根身器界，为流转之本。案下文"不可违"之语，则知此中隐含"违"字之意。"天地之道浸，故阴阳胜"，浸者，氤氲也；胜者，兴盛也。既有天地，则二气流行，弥浸而弥胜矣。于是乎日往则月来，月往则日来；寒往则暑来，暑往则寒来。是之谓"阴阳相推，而变化顺矣"。循此道者，后天而奉天时也。凡夫心中，最大者无如天地。天地既与万物同生，必与万物同灭。天地尚有生灭，世间何物得常住耶！学道人大须著眼。

　　此下直至篇末，详演返还之道，是出世间法。

　　是故圣人知自然之道不可违，因而制之。

　　违自然之道，即成流转门。圣人知其不可违，是以"因而制之"，使不起妄念也。制而至于无念，则会本体而为至静之道矣。

　　下文以三观，显三谛理，证三如来藏，为古今入道之正轨也。

　　至静之道，律历所不能契。

　　此段以奢摩他，显真谛理，证空如来藏。壶子所谓"地文，杜德机"，均是此义。至静之道，即奢摩他，亦名体真止。律历，法之至精者，犹不能契，而况于语言文字乎。

　　爰有奇器，是生万象。八卦甲子，神机鬼藏。

　　此段以三摩钵提，显俗谛理，证不空如来藏。壶子所谓"天壤，善者机"，均是此义。奇器，即是不空如来藏。《老子》比之橐龠，出生万象而无穷尽。八卦以乾坤为本，甲子以天干地支配之，皆壶子天壤之义也。"神机鬼藏"者，深妙难测，非浅见所能知也。

阴阳相胜之术，昭昭乎进乎象矣。

此段以禅那，显中谛理，证空不空如来藏。壶子所谓"太冲莫胜，衡气机"，均是此义。壶子就果言，故曰"太冲莫胜"；此经就因言，故曰"阴阳相胜"。因果互举，二名合成一义。衡气机者，止观平等也。何以名之？阴者，即前至静之道也；阳者，即前生万象也。上文阴为体，阳为用。若谓阴阳均平，尚不足以显圆融之妙，须以相胜显之。然相胜则不平等矣，而不然也。盖阴胜阳，则阴显而阳隐；阳胜阴，则阳显而阴隐。相胜，则两夺互亡。不可言有，不可言无，即对待而成绝待。上文流转门中，言"阴阳胜"，而不言"相胜"，复言"阴阳相推"。相推有前后，相胜在同时，可见随流与逆流迥别也。

上文言全体大用，此言体用俱泯，而非无体用。故以"昭昭乎进乎象矣"结之。盖古圣垂教，至详且尽，能令后人昭然若揭，如睹悬象。奈何千百年来，无人抉破，直令微言奥旨，湮没于丹诀、兵法中耶？

全经以"天"字为主，"天"即道之体也。内典所谓第一义天，亦云性天，非与地相对之天也。凡篇中天地并称者，是有形象之天地，与单称天字有别。以"机"字为用，"机"即道之枢纽也。

上篇曰"心机"，盖指心源妄动之机，未分能所，属第八识，即三细中之第一业相也。上等根器，方能见之。此机一转，立登圣位。

中篇曰"盗机"，属第七识，内执见分为我，外执相分以为我所，将心取境，故曰"盗机"。此机稍露，中等根器尚能见之。得此机者，趣大则入贤位，向小则取灭度。

下篇曰"目机"，属前五识，更显露矣。所云"心生于物，死于物"者，第六意识也。专为下等根器，就目前可见者点示。此等根器，纵能悟人，多在信位。亦有未入信位者，作将来胜因。所以不说证道之相。

又上篇直指人心之机，与达摩西来同意。中篇别指盗机，因慈悲之故，有落草之谈。下篇言机在目，所谓借境观心也。自微而著，法施乃普。

上篇开章十字，是总冒。下篇"自然之道静"至篇末，是总结。中间三篇，接引三等人，又各分二等，共为六等，章法井然。

道德经发隐

叙

憨山清禅师解《道德经》，历十五年方成，虽与焦弱侯同时，而弱侯未之见也。故辑《老子翼》，阙憨山解，诚为憾事。弱侯所采凡六十四家，后之解者更有多种，故经中奥义，发挥殆尽矣。予阅《道德经》，至"出生入死"一章，见各家注解无一合者，遂以佛教义释之，似觉出人意表。复益二章，继《阴符发隐》梓之。或问："孔子既称老子为犹龙，何以其书不入塾课耶？"答曰："汉唐以来，人皆以道家目之，不知其真俗圆融，实有裨于世道人心。若与《论语》并行，家弦户诵，则士民之风当为之一变也。"

光绪癸卯季春之月
石埭杨文会识于白下深柳堂

道德经发隐

　　道可道，非常道；名可名，非常名。无名，天地之始。有名，万物之母。故常无，欲以观其妙；常有，欲以观其窍。此两者同出而异名，同谓之玄。玄之又玄，众妙之门。

　　开章十二字，直显离言之妙。若以不可道者谓是常道，不可名者谓是常名，则活句翻成死句矣。洋洋五千言，无一而非活句。不知此义，何能读《道德经》？

　　"无名，天地之始"，无而忽有，有即非有，有既非有，始亦无始。"有名，万物之母"，有名无体，依无名起，起即无起，谁为其母？天地万物，当体空寂也。"故常无，欲以观其妙"，承"无名"句来。妙者，缘起万有也。即无以观于有，则常无而常有矣。"常有，欲以观其窍"，承"有名"句来。窍者，空洞无物也，一作"徼"，物之尽处也。即有以观于无，则常有而常无矣。二者俱常，不坏理而成事，不离事而显理，名虽异而体则同也。无亦玄，有亦玄，度世经世，皆无二致，乃此经之正宗，可谓理事无碍法界矣。

　　更有向上一关，若不透过，犹未造极。直须"玄之又玄"者，方称"众妙之门"也。此重玄法门，乃神圣所证之道，世人罕能领会，故未详言。后世阐《华严》宗旨者，以十玄、六相等义，发明事事无碍法界，方尽此经重玄之奥也。

　　此章用有无二门，交互言之，以显玄旨，为《道德》五千言之纲领。犹之《心经》用色空二门，两相形夺，以显实相，为《般若》六百卷之肇端。大凡载道典籍，文义虽广，必有简要之言，以为枢纽耳。

谷神不死，是谓玄牝。玄牝之门，是谓天地根。绵绵若存，用之不勤。

谷者，真空也；神者，妙有也。佛家谓之如来藏。不变随缘，无生而生；随缘不变，生即无生。生相尚不可得，何有于死耶？玄者，隐微义；牝者，出生义。佛家名为阿赖耶。此二句与释典"佛说如来藏，以谓阿赖耶"同意。从阿赖耶变现根身器界，或谓之门，或谓之根，奚不可者。"绵绵若存"者，离断常二见也。"用之不勤"者，显无作妙谛也。此章言简义幽，列子以为出自《黄帝书》，信然。

出生，入死。生之徒十有三，死之徒十有三，人之生动之死地者亦十有三。夫何故？以其生生之厚。盖闻善摄生者，陆行不遇兕虎，入军不避甲兵。兕无所投其角，虎无所措其爪，兵无所容其刃。夫何故？以其无死地。

释典云："生者诸根新起，死者诸根坏没。"又云："无不从此法界流，无不还归此法界。"所以谓之"出生，入死"也。

"生之徒"三句，最难发明，须用《华严》十世法门释之，则句句有着落矣。一切释典，皆论三世，独《华严》论十世。于过去世中说三世，所谓过去过去，过去现在，过去未来；于现在世中说三世，所谓现在过去，现在现在，现在未来；于未来世中说三世，所谓未来过去，未来现在，未来未来。共成九世。摄归一念，则为十世。此之一念，非现前刹那不停之念，乃是无念之念，不生不灭，元清净体，所以能摄九世而为十也。此中"生之徒十有三"，即是三世未来；"死之徒十有三"，即是三世过去；"人之生动之死地者亦十有三"，即是三世现在。徒者，类也。若如前人所释，则"动之死地"一句与"死之徒"一句，互相混滥。且三股均分，不曰"三之一"，而曰"十之三"，是以十为总汇。旧注虽用摄生一语足成十数，而三个"三"字反觉浮泛，故不能谓之确解也。

"夫何故？以其生生之厚"，此言起妄之由。性本无生，而生生不已者，以业识恒趋于生，而背于无生也。既厚于生生，则九世相仍流转无极，其害可胜言哉？善摄生者，于生起之元，制其妄动也。心不妄起，则生相全无，所以谓之善摄生也。

"兕虎甲兵"数语，乃其实效，不可作譬喻解。破生相无明者，内外一如，自他不二，即此幻化空身，便是清净法身，尚何死地之有哉？

十世图

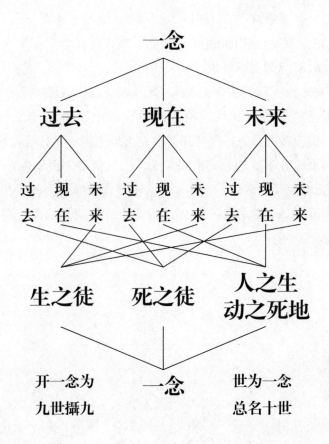

冲虚经发隐

叙

《列子》书八篇，唐时尊为《冲虚经》，与《道德》《南华》并重。注《道德》者多于《南华》，而注《冲虚》者特少，在晋则有张湛，在唐则有卢重元，此二种现行于世。考书目所载，有唐·殷敬顺、宋·江遹二解，求而未得也。甲辰夏，索居避暑，取《列子》读之，妙义显发，多出于张、卢二家之外，如开宝藏，如涌醴泉，实与佛经相表里。信笔直书，得四十二章，约计全书三分之一，因名之为《冲虚经发隐》云。

光绪三十年岁次甲辰秋七月
石埭杨文会识

天瑞第一

子列子居郑圃

子列子居郑圃，四十年人无识者，国君卿大夫视之犹众庶也。有道之士，和光混俗，不衒其能，不高其节。国不足，将嫁于卫。弟子曰:"先生往,无反期,弟子敢有所谒,先生将何以教?先生不闻壶丘子林之言乎?"

子列子笑曰:"壶子何言哉?叹壶子神化气象。虽然,夫子尝语伯昏瞀人。吾侧闻之,试以告汝。其言曰:有生不生,有化不化。生与不生,化与不化,分而言之,以为弄引。不生者能生生,不化者能化化。不生而能生,不化而能化,进而言之,本末一致。生者不能不生,化者不能不化。极而言之,生化无穷,决非断灭。故常生常化。常生常化者,无时不生,无时不化。生化无尽,同一真常。阴阳尔,四时尔。阴阳、四时之迁流,皆不出一真法界也。不生者疑独,一尚不立,何有对待?不化者往复。往无所往,复无可复。无往无复,强名往复。往复,其际不可终;疑独,其道不可穷。往复如循环,故无终始;疑独,则非一非多,谁能究尽。《黄帝书》曰:'谷神不死,是谓玄牝。玄牝之门,是谓天地之根。绵绵若存,用之不勤。'此段语极精微,已于《道德经发隐》详释之,兹不赘。故生物者不生,化物者不化。此二句补足上文。自生自化,自形自色,自智自力,自消自息。谓之生化、形色、智力、消息者,非也。"虽从本源发生,而无作者,故以八个"自"字演之。结句最为超妙,能令阅者悠然神往。

《天瑞篇》之首章,述列子学道渊源,即以壶子语告于门人,并引《黄帝书》以证之。可见列子之道确有师承,非同臆说。文中体用圆彰,本末互显,诚为全书之纲领也。

列子适卫

子列子适卫，食于道。从者见百岁髑髅，攓蓬而指，顾谓弟子百丰曰："唯予与彼知而未尝生未尝死也。世俗之见，以己为生，以髑髅为死。列子知己未尝生，故知髑髅未尝死也。此过养乎？此过欢乎？此二句双关两义，以二"此"字属己，则过养、过欢为前尘影事；以二"此"字属髑髅，则过养、过欢为往事无踪。生死即非真实，受用皆如梦幻也。种有几：种子在赖耶识中，或多或少，随时发现，则成生类。下文备说情与无情，互相转变，令世人无可执著。若蛙为鹑，得水为继。得水土之际，则为蛙蠙之衣。生于陵屯，则为陵舄。陵舄得郁栖，则为乌足。乌足之根为蛴螬，其叶为胡蝶。胡蝶胥也，化而为虫，生灶下，其状若脱，其名曰鸲掇。鸲掇千日化而为鸟，其名曰乾馀骨。乾馀骨之沫为斯弥。斯弥为食醯颐辂。食醯颐辂生乎食醯黄軦。食醯黄軦生乎九猷。九猷生乎瞀芮。瞀芮生乎腐蠸。以上十六种，动物植物，辗转相生。羊肝化为地皋，马血之为转邻也，人血之为野火也。以上六种，血肉变化。鹞之为鹯，鹯之为布谷，布谷久复为鹞也。燕之为蛤也，田鼠之为鹑也。以上七种，禽兽介虫，各各转变。鹑见上文。朽瓜之为鱼也，老韭之为苋也，老羭之为猨也，鱼卵之为虫。以上八种，动植各变。亶爰之兽自孕而生曰类。河泽之鸟视而生曰鶂。纯雌其名大腰，纯雄其名稚蜂。思士不妻而感，思女不夫而孕。以上六种，不交而生，情识所感也。后稷生乎巨迹，伊尹生乎空桑。以上二圣，随机应现，即是菩萨意生身。厥昭生乎湿。醯鸡生乎酒。以上二种，属于湿生。羊奚比乎不笋。此二种相依而生。久竹生青宁，青宁生程，程生马，马生人。以上五种。久竹，旧释为草。青宁，陆释为虫。程者，豹之别名。程、马、人，异类相生，显业道变化不可思议。俗解以程虫、马齿苋、人参释之，殊觉肤浅。人久入于机。万物皆出于机，皆入于机。"机者，玄牝之门也。即是阿赖耶识，具生灭、不生灭二义。万物皆从此出，名之曰生；复从此入，名之曰死。出入不离此机，生死皆假名耳。

同类相生，人所共见；异类相生，人所难知。自道眼观之，同一生也。虽变化万端，莫不出于机而入于机也。知异生之不异同生也，始可与言生矣。知生者，即知死。即知生死，即知无生死。文中变化离奇，拉杂繁会，而以"出机""入机"二句收之，应上文之"未尝生、未尝死"，《列子》之义微矣哉！

文中叙述共五十三种，类而计之，人五，禽七，兽六，鳞二，介一，虫十五，草十一，血肉之属六。以上皆言其变，不言其常。常、变本无二致。欲人知生死皆如幻化，不至囿于见闻，执为实法，长时汩没于三有之海也。

我尚何存

《黄帝书》曰："形动不生形而生影，声动不生声而生响，无动不生无而生有。形，必终者也。天地终乎？与我偕终。"无不生无，犹之形不生形，声不生声也。无既妄动，则不得不生有矣。既生有而为形，则必有终而归于无者也。天地与我并生，我既有终，天地岂得无终乎？久暂虽异，其终一也。此上皆《黄帝书》，以下则列子所演。既名为无，如何能动？此义问取黄帝。终进乎不知也。道终乎本无。始进乎不久。由终而进论之，归于不知而已。道之终极，复于本无。始进者，自无而有也。言虽有形，亦不能久，不过才生即灭耳。有生则复于不生，有形则复于无形。此二句，释出上意，摄末归本也。不生者，非本不生者也；无形者，非本无形者也。因生尽，方显不生；因形销，方显无形。生者，理之必终者也。终者不得不终，亦如生者之不得不生。而欲恒其生，画其终，惑于数也。研穷生死之理，以祛贪生之惑也。精神者，天之分；骨骸者，地之分。属天清而散，属地浊而聚。精神离形，各归其真，故谓之鬼。鬼，归也，归其真宅。天地有终，不得谓之真宅。真宅者，平等法界也。天地从此发生，故神形归天地，即归法界矣。黄帝曰："精神入其门，骨骸反其根，我尚何存？"究竟显无我也。门者，玄牝之门也。根者，天地之根也。沤灭归海，欲求我相，了不可得。

　　此章归宿在"我尚何存"一语。世人与道相违者，我执害之也。今就生灭内反复研究，以显无我。先后两引《黄帝书》以为证据，可谓探原之论矣。黄帝之教有两派：一者，度世；二者，经世。经世之道，学之者众。度世之道，传之者寡，至秦时而尽失矣。其存于简篇者，经世则有六经、四子之书，度世唯有《阴符》及《老》《列》《庄》三家而已。三家之书，度世经世，错杂而出，非具择法眼者不能拣别。二千年来，往往作文章读过，埋没古人多矣。

　　杞人忧天地

　　杞国有人，忧天地崩坠，身亡所寄，废寝食者。不忧自身变坏，而忧天地崩坠，妄心但缘外境，未尝返观假我也。又有忧彼之所忧者，因往晓之曰："天，积气耳，亡处亡气。若屈伸呼吸，终日在天中行止，奈何忧崩坠乎？"

　　其人曰："天果积气，日月星宿不当坠耶？"晓之者曰："日月星宿，亦积气中之有光耀者。只使坠，亦不能有所中伤。"

其人曰："奈地坏何？"晓者曰："地积块耳。充塞四虚，亡处亡块。若躇步跐蹈，终日在地上行止，奈何忧其坏？"其人舍然大喜，晓之者亦舍然大喜。两人说梦话，舍然大喜。醒人闻之，不觉失笑。

长庐子闻而笑之曰："虹霓也，云雾也，风雨也，四时也，此积气之成乎天者也。山岳也，河海也，金石也，火木也，此积形之成乎地者也。知积气也，知积块也，奚谓不坏？夫天地，空中之一细物，有中之最巨者。难终难穷，此固然矣；难测难识，此固然矣。忧其坏者，诚为大远；言其不坏者，亦为未是。天地不得不坏，则会归于坏。遇其坏时，奚为不忧哉？"长庐子之言，似觉近理。然亦只论天地，未论自身，故不足解其惑也。

子列子闻而笑曰："言天地坏者亦谬，言天地不坏者亦谬。坏与不坏，吾所不能知也。虽然，彼一也，此一也。故生不知死，死不知生。来不知去，去不知来。坏与不坏，吾何容心哉？"列子立论简捷，先将坏与不坏一笔抹过，再将人之生死去来置诸度外，遂得心境俱空，超然于万象之表，何有坏与不坏之见存于其心哉！

三界无安，犹如火宅。杞人忧其坏，非过虑也。但未知天地虽坏，而有不坏者存。长庐子未明其理，故为列子所笑。列子既知有不坏者，又能证得无心妙谛。在火宅内，游戏神通，了无罣碍。所以出言吐气，不落常人蹊径也。

东郭论盗

齐之国氏大富,宋之向氏大贫。自宋之齐,请其术。国氏告之曰:"吾善为盗。始吾为盗也,一年而给,二年而足,三年大壤。自此以往,施及州闾。"

向氏大喜,喻其为盗之言,而不喻其为盗之道。遂逾垣凿室,手目所及亡不探也。未及时,以赃获罪,没其先居之财。向氏以国氏之谬己也,往而怨之。

国氏曰:"若为盗若何?"向氏言其状。

国氏曰:"嘻!若失为盗之道至此乎!今将告若矣。吾闻天有时,地有利。吾盗天地之时利,云雨之滂润,山泽之产育,以生吾禾,植吾稼,筑吾垣,建吾舍。陆盗禽兽,水盗鱼鳖,亡非盗也。夫禾稼、土木、禽兽、鱼鳖,皆天之所生,岂吾之所有?然吾盗天而亡殃。夫金玉珍宝,谷帛财货,人之所聚,岂天之所与?若盗之而获罪,孰怨哉?"向氏为盗而获罪,国氏为盗而致富。虽然,国氏之罪,犹甚于向氏也。陆盗禽兽,水盗鱼鳖,残害无数生命,而益己之财产,他生后世,以自身血肉而次第偿之,其苦可胜言哉!

向氏大惑,以为国氏之重罔己也,过东郭先生问焉。东郭先生曰:"若一身庸非盗乎?欲免此盗,更有何术?曰:破我执而已矣。无始我执,相续不断。世世受生,皆由我见揽四大而成身。若无我见,谁为能盗。盗阴阳之和,以成若生,载若形,况外物而非盗哉!诚然,天地万物不相离也。认而有之,皆惑也。天地与我同生,万物与我一体,本无可盗。昧其理者,于同体中,妄见异体,岂非大惑乎?国氏之盗，公道也，故亡殃。暂恕目前，顺凡情也。若之盗，私心也，故得罪。以公、私二字分属国、向，非尽理之论。幸下文申明正义，方将"盗"字抉破。有公私者，亦盗也；亡公私者，亦盗也。有私便有公，公私对待，而盗生焉。既有公私，便有亡公私，亡公私与有公私对待，亦不免于盗也。公公私私，天地之德。天地本亡公私，公私出于人心。人心无覆藏处，即是天地之心。是以公公私私，万有不齐，无非天地之德也。知天地之德者，孰为盗耶？孰为不盗耶？"天地之德者，法界缘起也。凡夫迷一真法界，妄分能所，故有盗机。岂知能所本空，实无可盗，盗既非盗，何有不盗之可说耶？

东郭答辞，先用一口吸尽之法，使世人无所逃于天地之间。然后一纵一夺，以启下文之双夺。夺至无可夺处，遂一概消融，泯然无迹。此为《天瑞篇》之结局也。

此章当与《阴符经》中篇合看。盗与非盗，其义甚微，《阴符经发隐》已详言之。

黄帝第二

梦游华胥

黄帝即位十有五年，喜天下戴己，养正命，娱耳目，供鼻口，焦然肌色皯黣，昏然五情爽惑。又十有五年，忧天下之不治，竭聪明，进智力，营百姓，焦然肌色皯黣，昏然五情爽惑。黄帝乃喟然叹曰："朕之过淫矣，养一己其患如此，治万物其患如此。"养身治国，出于有心，皆足为患。于是放万机，舍宫寝，去直侍，彻钟悬，减厨膳，退而闲居大庭之馆，斋心服形，三月不亲政事。大庭之馆，空旷无物之境也。放下万缘，始与道会。

昼寝而梦，游于华胥氏之国。华胥氏之国，在弇州之西，台州之北，不知斯齐国几千万里，盖非舟车足力之所及，神游而已。既云梦游，复云神游，可见黄帝非如世人之梦，直是清明在躬，随往无碍耳。其国无帅长，自然而已；其民无嗜欲，自然而已。不知乐生，不知恶死，故无夭殇；不知亲己，不知疏物，故无爱憎；不知背逆，不知向顺，故无利害。都无所爱惜，都无所畏忌。入水不溺，入火不热。斫挞无伤痛，指擿无痟痒。乘空如履实，寝虚若处床。云雾不硋其视，雷霆不乱其听，美恶不滑其心，山谷不踬其步，神行而已。华胥氏之国，略似极乐世界。

黄帝既悟，怡然自得。心神领会。召天老、力牧、太山稽，告之曰："朕闲居三月，斋心服形，思有以养身治物之道，弗获其术。疲而睡，所梦若此。今知至道不可以情求矣。若以情求，去道转远。朕知之矣，朕得之矣，而不能以告若矣。"如人饮水，冷暖自知。

又二十有八年，天下大治，几若华胥氏之国。而帝登假，百姓号之，二百余年不辍。

法身大士，应现世间，岂待梦游胜境，方知无为而治之理？不过示同前迷后悟，以启迪后人耳。孔子曰："我非生而知之者。好古，敏以求之者也。"与此同义。

列子乘风

列子师老商氏，友伯高子，进二子之道，乘风而归。所进之道，不在乘风，然非乘风，则无人知。尹生闻之，从列子居，数月不省舍。因间请蕲其术者，十反而十不告。尹生怼而请辞，列子又不命。尹生退数月，意不已，又往从之。尹生躁进，非道器也。列子曰："汝何去来之频？"尹生曰："曩章戴有请于子，子不我告，固有憾于子。今复脱然，是以又来。"

列子曰："曩吾以汝为达，今汝之鄙至此乎？姬！将告汝所学于夫子者矣。先痛斥之，然后告以为道之方。自吾之事夫子友若人也，三年之后，心不敢念是非，口不敢言利害，始得夫子一眄而已。《圆觉经》云"居一切时不起妄念"，同初段意。五年之后，心庚念是非，口庚言利害，夫子始一解颜而笑。经云"于诸妄心亦不息灭"，同二段意。七年之后，从心之所念，庚无是非；从口之所言，庚无利害，夫子始一引吾并席而坐。经云"住妄想境，不加了知"，同三段意。九年之后，横心之所念，横口之所言，亦不知我之是非利害欤？亦不知彼之是非利害欤？亦不知夫子之为我师，若人为我友，内外进矣。经云"于无了知，不辨真实"，同四段意。而后眼如耳，耳如鼻，鼻如口，无不同也。六根销复，异性人同。心凝，返流全一。形释，六用不行。骨肉都融。体合真空。不觉形之所倚，足之所履，随风东西，犹木叶干壳。竟不知风乘我耶？我乘风乎？能所两亡，依正不二。今汝居先生之门，曾未浃时，而怼憾者再三。汝之片体，将气所不受；汝之一节，将地所不载。履虚乘风，其可几乎？" <small>急躁之病，至于此极。无怪学道者多，成道者少也。</small>

尹生甚怍，屏息良久，不敢复言。<small>翻然改悔，犹可教也。</small>

列子真实学道，循序而进，由浅至深，九年之功，方臻妙境。彼躐等者，但求速效，虽至百年，亦终于无成而已。孔子曰："下学而上达。"又曰："欲速则不达。"千古圣贤，如出一辙也。

进道阶级，分为四段，恰与《圆觉》四句义同。若依《起信论》中"虽说，无有能说可说；虽念，亦无能念可念"二语，总合前之三段；至第四段，正合论中"若离于念，名为得人"之语。列子生于东土，与西竺之道，如此冥符，谓非法身大士，随机影现乎？

商丘开信伪

范氏有子，曰子华，善养私名，举国服之。有宠于晋君，不仕而居三卿之右。目所偏视，晋国爵之；口所偏肥，晋国黜之。游其庭者侔于朝。子华使其侠客，以智鄙相攻，强弱相凌，虽伤破于前，不用介意。终日夜以此为戏乐，国殆成俗。

禾生、子伯，范氏之上客。出行，经坰外，宿于田更商丘开之舍。中夜，禾生、子伯二人，相与言子华之名势，能使存者亡，亡者存，富者贫，贫者富。商丘开先窘于饥寒，潜于牖北听之。因假粮荷畚，之子华之门。

　　子华之门徒，皆世族也，缟衣乘轩，缓步阔视。故见商丘开，年老力弱，面目黎黑，衣冠不检，莫不眲之。既而狎侮欺诒，挡拯挨抌，亡所不为。商丘开常无愠容，而诸客之技单，愈于戏笑。

　　遂与商丘开俱乘高台，于众中漫言曰："有能自投下者，赏百金。"众皆竞应。商丘开以为信然，遂先投下，形若飞鸟，扬于地，肌骨无毁。范氏之党以为偶然，未讵怪也。因复指河曲之淫隈曰："彼中有宝珠，泳可得也。"商丘开复从而泳之。既出，果得珠焉。众昉同疑。子华昉令豫肉食衣帛之次。俄而范氏之藏大火。子华曰："若能入火取锦者，从所得多少赏若。"商丘开往无难色。入火往还，埃不漫，身不焦。

　　范氏之党以为有道，乃共谢之曰："吾不知子之有道而诞子，吾不知子之神人而辱子。子其愚我也，子其聋我也，子其盲我也。敢问其道？"

　　商丘开曰："吾亡道。虽吾之心，亦不知所以。虽然，有一于此，试与子言之。曩子二客之宿吾舍也，闻誉范氏之势，能使存者亡，亡者存，富者贫，贫者富。吾诚之无二心，故不远而来。及来，以子党之言皆实也，惟恐诚之之不至，行之之不及。不知形体之所措，利害之所存也，心一而已。物亡迕者，如斯而已。今昉知子党之诞我。我内藏猜虑，外矜观听，追幸昔日之不焦溺也。怛然内热，惕然震悸矣。水火岂复可近哉？"

自此之后，范氏门徒，路遇乞儿、马医，弗敢辱也，必下车而揖之。

宰我闻之，以告仲尼。仲尼曰："汝弗知乎，夫至信之人，可以感物也。动天地、感鬼神、横六合，而无逆者，岂但履危险，入水火而已哉？商丘开信伪，物犹不逆，况彼我皆诚哉？小子识之！"

此章能作念佛往生之实证，故录之。信仲尼之言，以为往生正因，世人所罕闻也。其言谓何？即"彼我皆诚"一语。弥陀大愿接引众生，是彼诚；众生念佛，求生净土，是我诚。彼我皆诚，安有不生净土者乎？商丘开信伪，诚阙一边，物犹不逆。以证念佛求生，决无不成也。文中先叙子华之权势，次述商丘开之愚诚。投地不伤，泳水不溺，入火不焦，皆诚之所至，不以高下、水火动其心也。心不动，则高下、水火，直心外之幻影耳，何害之有？一旦说破，追忆往事，直怛惕之不遑，奚能复近哉？惟愿世之学者，苟能专心向道，求脱轮回，惟在自诚其心而已。

赵襄子狩中山

赵襄子率徒十万，狩于中山。藉芿燔林，扇赫百里。有一人从石壁中出，随烟烬上下，众谓鬼物。火过，徐行而出，若无所经涉者。妙！妙！襄子怪而留之，徐而察之。形色七窍，人也；气息音声，人也。问奚道而处石？奚道而入火？其人曰："奚物而谓石？奚物而谓火？"妙！妙！襄

53

子曰："而向之所出者，石也；而向之所涉者，火也。"其人曰："不知也。"<u>妙！妙！若知之，早已为石所伤，为火所焚矣。</u>

魏文侯闻之，问子夏曰："彼何人哉？"子夏曰："以商所闻夫子之言，和者大同于物，物无得伤阂者，游金石，蹈水火，皆可也。"<u>四大本无障碍，障碍生于自心。心若不生，四大俱融，是之谓"和者大同于物"。物与自身，性合真空。不闻此空阂于彼空，以空无彼此也。</u>文侯曰："吾子奚不为之？"子夏曰："剖心去智，商未之能。虽然，试语之有暇矣。"文侯曰："夫子奚不为之？"子夏曰："夫子能之，而能不为者也。"<u>夫子现身人道，不以神异骇俗，此为忍力最大者，方能终身不露也。</u>文侯大说。

寒山、拾得之俦，隐于山中，偶然一现，为化流俗耳。襄子不能知，而文侯问于子夏。文侯其有动于心乎？不然，何辗转相问而不已耶？及闻夫子能之而能不为，遂大悦，文侯亦人杰也哉！

巫咸相壶子

有神巫自齐来，处于郑，命曰季咸。知人死生存亡、祸福寿夭，期以岁月、旬日，如神。郑人见之，皆避而走。列子见之而心醉，而归以告壶丘子曰："始吾以夫子之道为至矣，则又有至焉者矣。"壶子曰："吾与汝既其文，未既其实，而固得道与？众雌而无雄，而又奚卵焉？而以道与世抗必信矣。夫故使人得而相汝。尝试与来，以予示之。❶"

文从实生，但见其文而不见其实，焉得谓之道？犹之禽也，雌喻生灭心，文也；雄喻真常心，实也。真常与生灭和合，方能发生天地万物。汝未证此道，奈何以道自居，而为人所料耶？

明日，列子与之见壶子，出而谓列子曰："嘻！子之先生死矣，弗活矣，不可以旬数矣。吾见怪焉，见湿灰焉。"列子入，涕泣沾衿，以告壶子。壶子曰："向吾示之以地文，萌乎不振不止，是殆见吾杜德几也。尝又与来。"

明日，又与之见壶子，出而谓列子曰："幸矣！子之先生遇我也。有瘳矣。灰然有生矣，吾见杜权矣。"列子入，告壶子。壶子曰："向吾示之以天壤，名实不入，而机发于踵，此为杜权。是殆见吾善者几也。尝又与来。"

明日，又与之见壶子，出而谓列子曰："子之先生坐不斋，吾无得而相焉。试斋，将且复相之。"列子入，告壶子。壶子曰："向吾示之以太冲莫朕，是殆见吾衡气几也。鲵旋之潘为渊，止水之潘为渊，流水之潘为渊，滥水之潘为渊，沃水之潘为渊，沈水之潘为渊，雍水之潘为渊，汧水之潘为渊，肥水之潘为渊，是为九渊焉。尝

---

❶ "尝试与来，以予示之"八字，底本中排在下文"明日"之前，今移排到此处。——校者注

又与来。"

明日，又与之见壶子。立未定，自失而走。壶子曰："追之！"列子追之而不及，反以报壶子曰："已灭矣，已失矣，吾不及也。"壶子曰："向吾示之以未始出吾宗。吾与之虚而猗移，不知其谁何。因以为茅靡，因以为波流，故逃也。"

壶子以四种三昧示巫咸，巫咸皆不能知，而壶子自释之。

初示以地文三昧。此三昧者，既有所萌，则如地之生物而成文也。"不振"，不动也；"不止"，不静也。动静俱无，故名"杜德几"。巫咸以为"湿灰"，实未尝见也。

次则示以天壤三昧。此三昧者，名"实不入"，空无所有也。而"机发于踵"，微有动相也。"善者几"，众善之元也。巫咸以为"杜权"，略见一斑耳。

三则示以太冲莫朕三昧。夫"太冲"，至虚也；"莫朕"，无迹可见也。"衡气几"，如水之平也。历举九渊，以喻平等中之差别法。深密难测，变动无方，巫咸谓其"不斋"，实无可揣摩也。

四则示以未始出吾宗三昧。此三昧者，泯绝无寄也。禅宗谓之"祖父从来不出门"者也。即是自受用境界，故不名几。

下文现他受用，"虚而猗移，不知其谁何"，巫咸焉得而不逃。

然后列子自以为未始学而归。三年不出，为其妻爨。食豕如食人，于事无亲，雕琢复朴，块然独以其形立，纷然而封戎，壹以是终。

列子言下知归，不但人我顿空，而且万物一体。归真返朴，废心用形，凡圣情亡，超然于万象之表矣。

太古神圣

太古神圣之人，备知万物情态，悉解异类音声，会而聚之，训而受之，同于人民。故先会鬼神魑魅，次达八方人民，末聚禽兽虫蛾。言血气之类，心智不殊远也。神圣知其如此，故其所教训者，无所遗逸焉。

法身大士，随机应现。世道兴隆，则为皇为帝，统治六道众生。舜、禹以前，代代出兴。世道衰微之际，众同分中，不能得大圣主持。行菩萨道者，或现宰官居士身，如老、孔、列、庄书中所载隐君子，不一而足也。自俗眼观之，六道心智各别，何能相通。闻佛经所说异类受化之事，骇而不信。岂知太古神圣，圆音布教，早已行于东夏矣。

周穆王第三

西极化人

周穆王时，西极之国，有化人来。穆王善根发现，菩萨应时而至。入水火，贯金石，反山川，移城邑，乘虚不坠，触实不硋，千变万化不可穷极。以神通力化之。既已变物之形，又且易人之虑。变物之形，已可异矣。易人之虑，更为希有。穆王敬之若神，事之若君。推路寝以居之，引三牲以进之，选女乐以娱之。

化人以为王之宫室卑陋而不可处，王之厨馔腥蝼而不可飨，王之嫔御膻恶而不可亲。化人原无憎爱二见，为破穆王世间贪著,故现厌恶之情。穆王乃为之改筑。土木之功,赭垩之色,无遗巧焉。五府为虚,而台始成。其高千仞,临终南之上,号曰中天之台。简郑卫之处子,娥媌靡曼者,施芳泽,正蛾眉,设笄珥,衣阿锡,曳齐纨,粉白黛黑,佩玉环,杂芷若,以满之。奏《承云》《六莹》《九韶》《晨露》以乐之。月月献玉衣,旦旦荐玉食。化人犹不舍然,不得已而临之。穆王竭国之财力以奉之,犹不适化人之意,竟不知其为何等人也。

居亡几何,谒王同游。王执化人之袪,腾而上者,中天乃止。暨及化人之宫。化人之宫,构以金银,络以珠玉,出云雨之上,而不知下之据,望之若屯云焉。耳目所观听,鼻口所纳尝,皆非人间之有。王实以为清都、紫微、钧天、广乐,帝之所居。王俯而视之,其宫榭若累块积苏焉。王自以居数十年,不思其国也。引王上游,见忉利天境界。化人居无定方,随所至处,即谓自宫。王俯视能见下界,仗化人天眼之力也。化人延短时为长时,令王居数十年,不思返国。

化人复谒王同游,所及之处,仰不见日月,俯不见河海。光影所照,王目眩不能得视;音响所来,王耳乱不能得听。百骸六藏,悸而不凝,意迷精丧,请化人求还。复引王上升光音天,日月河海,皆无所见,离下界甚远矣。穆王报境未脱,下界六根,不能受上界光音,所以悸而求还也。化人移之,王若硕虚焉。全体脱落,丧身失命。既寤,绝后再苏,初关透矣。所坐犹向者之处,侍御犹向者之人。视其前,则酒未清,肴未晞。人物宛然,恍如隔世。王问所从来,相续心断,前不到后。左右曰:"王默存耳。"本未尝动，何有去来。

由此穆王自失者三月。七识已破，即透重关。而复更问化人。穆王心犹未已，更求进步。化人曰："吾与王神游也，形奚动哉？且曩之所居，奚异王之宫？曩之所游，奚异王之圃？化人晓以动静不二、净秽一如之理。盖曩者以天界胜境示王，为破人界之贪。恐王又著天界之贪，复以同一幻境破之，令王离分别心。王闲恒疑暂亡。变化之极，徐疾之间，可尽模哉？"化人责王疑情不断，亡失本明，变化徐疾，何庸措心。王大悦。言下大彻，庆快平生，八识顿开，三关直透，不负化人一番提撕也。

下文述穆王驾八骏马，登昆仑山，谒西王母等事，无关道要，故节去。

穆王悟道，无文可证，何以判为三关直透？答曰：化人之来，多方接引，即其证也。盖化人他心道眼，非见穆王根熟，决不作此无益之事。

老成子学幻

老成子学幻于尹文先生，三年不告。有此师，有此弟子，方堪传道。今时人，不但弟子不能待，即师亦不能待。无坚忍耐久之心，何能学出世之道。老成子请其过而求退。尹文先生揖而进之于室，屏左右而与之言曰：如此慎重秘密，其道方隆。五祖传六祖，云严传洞山，亦犹是也。"昔老聃之祖西也，顾而告予曰：学有渊源，非同臆说。'有生之气，有形之状，尽幻也。造化之所始，阴阳之所变者，谓之生，谓之死。穷数达变，因形移易者，谓之化，谓之幻。造物者，其巧妙，其功深，固难穷难终。因形者，其巧显，其

59

功浅，故随起随灭。知幻化之不异生死也，始可与学幻矣。'吾与汝亦幻也，奚须学哉！"_{学幻真诀，罄尽无馀。}

老成子归，用尹文先生之言，深思三月。_{尹文之言，由深而浅，只有两层。一曰生死，二曰幻化。老成用其言而深思之，须作三层。由浅而深，先明幻化之理，次达生死之元，后超生死之外。若不能超生死，必不能即生死而起幻化。所以三月深思，即是透彻三重关也。}遂能存亡自在，憣校四时，冬起雷，夏造冰，飞者走，走者飞。终身不著其术，故世莫传焉。_{虽云不著其术，而术已具于尹文之言矣。世无传之者，因其未能深思也。}

菩萨幻智法门，即是自性本具之神境通。断惑证真，遂得现前受用。非如外道幻术，有法可传也。

尹氏治产

周之尹氏大治产，其下趣役者，侵晨昏而弗息。有老役夫，筋力竭矣，而使之弥勤。昼则呻呼而即事，夜则昏惫而熟寐。精神荒散，昔昔梦为国君，居人民之上，总一国之事，游燕宫观，恣意所欲，其乐无比。觉则复役。人有慰喻其勤者，役夫曰："人生百年，昼夜各分。吾昼为仆虏，苦则苦矣；夜为人君，其乐无比。何所怨哉！"

尹氏心营世事，虑钟家业，心形俱疲，夜亦昏惫而寐。昔昔梦为人仆，趋走作役，无不为也；数骂杖挞，无不至也。眠中唫呓呻呼，彻旦息焉。尹氏病之，以访其友。友曰："若位足荣身，资财有余，胜人远矣。夜梦为仆，苦逸之复，数之常也。若欲觉梦兼之，岂可得耶？"尹氏闻其友言，宽其役夫之程，减己思虑之事，疾并少间。

此以梦、觉二境，喻今世、后世苦乐循环也。佛法未人中夏，列子不能倡轮回报应之说，以启世人疑谤，故假梦觉影而言之，欲人自会其意，而减损贪求之劳也。先述役夫昼苦而夜乐，客也；后述尹氏昼勤而夜苦，主也。二者相形，尹氏不如役夫远甚。盖尹氏治产之勤，未尝受乐，而夜梦之苦，过于役夫。世之以财产自豪者，亦可以悟矣。

梦分人鹿

郑人有薪于野者，遇骇鹿，御而击之，毙之。恐人见之也，遽而藏诸隍中，覆之以蕉，不胜其喜。俄而遗其所藏之处，遂以为梦焉。以蕉覆鹿，为第一重梦。顺涂而咏其事。傍人有闻者，用其言而取之。闻言取鹿，为第二重梦。既归，告其室人曰："向薪者梦得鹿，而不知其处。吾今得之，彼直真梦者矣。"归告室人，为第三重梦。室人曰："若将是梦见薪者之得鹿耶？讵有薪者耶？今真得鹿，是若之梦真耶？"疑夫梦鹿，为第四重梦。夫曰："吾据得鹿，何用知彼梦我梦耶？"彼梦我梦，同归一鹿，为第五重梦。薪者之归，不厌失鹿。其夜真梦藏之之处，又梦得之之主。爽旦案所梦而寻，得之，遂讼而争之。据梦争讼，为第六重梦。

归之士师。士师曰："若初真得鹿，妄谓之梦；真梦得鹿，妄谓之实。彼真取若鹿，而与若争鹿。室人又谓梦认人鹿，无人得鹿。今据有此鹿，请二分之。"士师分鹿，为第七重梦。

以闻郑君，郑君曰："嘻！士师将复梦分人鹿乎？"郑君腾疑，为第八重梦。访之国相，国相曰："梦与不梦，臣所不能辨也。国相莫辨，为第九重梦。欲辨觉梦，惟黄帝、孔丘。追思古圣，为第十重梦。今亡黄帝、孔丘，孰辨之哉？且恂士师之言可也。"古圣既没，无觉梦者，举世同梦，为之奈何？

此章梦有十重，人有六位，颠倒昏迷，莫可究诘。梦乎？梦乎！何日始觉？列子悯世之心切矣。

华子病忘

宋阳里华子，中年病忘。朝取而夕忘，夕与而朝忘；在途则忘行，在室则忘坐；今不识先，后不识今。阖室毒之。谒史而卜之，弗占；谒巫而祷之，弗禁；谒医而攻之，弗已。

鲁有儒生，自媒能治之。华子之妻子，以居产之半请其方。儒生曰："此固非卦兆之所占，非祈请之所祷，非药石之所攻。吾试化其心，变其虑，庶几其瘳乎！"于是试露之，而求衣；饥之，而求食；幽之，而求明。儒生欣然，告其子曰："疾可已也。然吾之方密传，世不以告人。试屏左右，独与居室七日。"从之。莫知其所施为也，而积年之疾一朝都除。

华子既悟，乃大怒，黜妻罚子，操戈逐儒生。宋人

执而问其以，华子曰："曩吾忘也，荡荡然不觉天地之
有无。今顿识既往数十年来存亡、得失、哀乐、好恶，扰
扰万绪起矣。吾恐将来之存亡、得失、哀乐、好恶之乱吾
心如此也。须臾之忘，可复得乎？"

子贡闻而怪之，以告孔子。孔子曰："此非汝所及
乎！"顾谓颜回记之。

人有三性，曰善、曰恶、曰无记。凡夫日用中，非善即恶，非
善恶即无记。唯无想外道，恒住无记，自以为乐。华子病忘，亦
是无记性也。室人延儒生治之而瘳。儒生之术，无非引起善恶
二性，以抵制无记。而后华子思虑并起，不若向之安乐无事矣。操
戈逐儒生，固其宜也。子贡告于孔子，孔子令颜回记之，记华
子之忘未尝合道。若与道合，虽十儒生，亦不能转其心志，令
起世俗之念，入于尘网也。

逢子病迷

秦人逢氏有子，少而惠，及壮而有迷罔之疾。闻歌
以为哭，视白以为黑，飨香以为朽，尝甘以为苦，行非
以为是。意之所之，天地四方，水火寒暑，无不倒错者
焉。杨氏告其父曰："鲁之君子多术艺，将能已乎。汝
奚不访焉？"其父之鲁。过陈，遇老聃，因告其子之证。

老聃曰："汝庸知汝子之迷乎？今天下之人，皆惑于
是非，昏于利害，同疾者多，固莫有觉者。且一身之迷，不
足倾一家；一家之迷，不足倾一乡；一乡之迷，不足倾
一国。一国之迷，不足倾天下。天下尽迷，孰倾之哉？向

使天下之人，其心尽如汝子，汝则反迷矣。哀乐声色，臭味是非，孰能正之？且吾之言未必非迷，而况鲁之君子迷之邮者，焉能解人之迷哉？荣汝之粮，不若遄归也。"

此章以一人之迷，例举世之迷。其言出于老聃，并将己之言与鲁之君子，统以一"迷"字概之。其故何也？良以三界六道众生，无一而非迷也。福业胜者迷稍浅，罪业重者迷愈深。欲醒此迷，除非黄面瞿昙。

卢注以上章之忘、此章之迷，皆谓合道。因文中有"向使天下之人，其心尽如汝子，汝则反迷矣"之言，卢氏执为证据。殊不知老聃此言，是反比例耳。意显二者俱迷，不得言此醒而彼迷也。

仲尼第四

仲尼闲居

仲尼闲居，子贡入侍，而有忧色。将以启子贡之疑也。子贡不敢问，出告颜回。颜回援琴而歌。孔子闻之，果召回入，问曰："若奚独乐？"回曰："夫子奚独忧？"孔子曰："先言尔志。"曰："吾昔闻之夫子曰：'乐天知命故不忧。'回所以乐也。"

孔子愀然有间，曰："有是言哉？汝之意失矣。此吾昔日之言尔，请以今言为正也。汝徒知乐天知命之无忧，未知乐天知命有忧之大也。今告若其实。修一身，任穷达，知去来之非我，亡变乱于心虑，尔之所谓乐天知命之无忧也。曩吾修《诗》《书》，正礼乐，将以治天下，遗来世，非但修一身治鲁国而已。而鲁之君臣日失其序，仁义益衰，情性益薄，此道不行一国与当年，其如天下与来世矣。吾始知《诗》《书》礼乐无救于治乱，而未知所以革之之方，此乐天知命者之所忧。先将忧乐二途详叙一番，以启下文。虽然，吾得之矣。夫乐而知者，非古人之谓所乐知也。无乐无知，是真乐真知，故无所不乐，无所不知，无所不忧，无所不为。《诗》《书》、礼乐，何弃之有，革之何为？"颜回北面拜手曰："回亦得之矣。"圣人超世之诣，除颜回以外，无人领会。

出告子贡，子贡茫然自失，归家淫思七日，不寝不食，以至骨立。颜回重往喻之，乃反丘门，弦歌诵书，终身不辍。子贡疑情顿发，穷参力究，以求了悟，幸得颜回一点，则受用不尽矣。

《列子》书凡八篇，《仲尼篇》居第四。述仲尼之事有四章，此第一章也。乐之与忧，两相对待，不入神化之域。仲尼故为此言，以启无乐无知之妙境，而后圣人之心和盘托出矣。颜子言下大彻，不觉五体投地；子贡虽费苦功，亦非他人所能及也。观《列》《庄》二书推尊孔子处，岂可以异端目之。

陈大夫聘鲁

陈大夫聘鲁，私见叔孙氏。叔孙氏曰："吾国有圣人。"曰："非孔丘耶？"曰："是也。""何以知其圣乎？"叔孙氏曰："吾尝闻之颜回曰，'孔丘能废心而用形'。"陈大夫曰："吾国亦有圣人，子弗知乎？"曰："圣人孰谓？"曰："老聃之弟子，有亢仓子者，得聃之道，能以耳视而目听。"鲁侯闻之，大惊。使上卿厚礼而致之。

亢仓子应聘而至，鲁侯卑辞请问之。亢仓子曰："传之者妄。我能视听不用耳目，不能易耳目之用。"鲁侯曰："此增异矣。其道奈何？寡人终愿闻之。"亢仓子曰："我体合于心，心合于气，气合于神，神合于无。其有介然之有，唯然之音，虽远在八荒之外，近在眉睫之内，来干我者，我必知之。乃不知是我七孔四支之所觉，心腹六藏之所知，其自知而已矣。"

鲁侯大悦。他日以告仲尼，仲尼笑而不答。

孔子能废心而用形，既废心矣，用形者谁？当知自性神用，不涉思维也。陈大夫称亢仓子能以耳视而目听，即是六根互用。及亢仓子见鲁侯，一语抹过，直云视听不用耳目。

复申之曰，"我体合于心"者，融四大入识大也；"心合于气"者，融识大入风大也。风之为用，扫除云雾，显现真空者也；又风者动性也，由动中见不动，则证常住真心矣。"气合于神"者，风力无依，即如来藏妙真如性也；"神合于无"者，妙觉圆明，入寂灭海也。"其有介然之有，唯然之音，虽远在八荒之外，近在眉睫之内，来干我者，我必知之"，既在八荒之外，又云干我者，非从极远来至极近也，乃物之小者，音之微者，动于远方，我已知之，即名"干我"。可见法身大我，无处不遍；清净六根，随机显现也。近在眉睫之内，凡体只觉其碍，不能明了，唯证道者，方能知之。"不知是我七孔四支之所觉，心腹六藏之所知"者，返观幻身，若存若亡，何尝为形体所拘耶？其

"自知而已矣"一语，义味无穷。圭峰称荷泽得六祖之正传，因其见此真知也。"鲁侯告仲尼，仲尼笑而不答"，盖亢仓子彻底吐露，不必雪上加霜。仲尼以无言印之，上圣高真，同一心法也。

此章专就用处显道，令人即用知体，体用无二也。

西方圣人

商太宰见孔子，曰："丘圣者欤？"孔子曰："圣则丘何敢，然则丘博学多识者也。"商太宰曰："三王圣者欤？"孔子曰："三王善任智勇者，圣则丘弗知。"曰："五帝圣者欤？"孔子曰："五帝善任仁义者，圣则丘弗知。"曰："三皇圣者欤？"孔子曰："三皇善任因时者，圣则丘弗知。"

商太宰大骇，曰："然则孰者为圣？"孔子动容有间，曰："西方之人有圣者焉，不治而不乱，不言而自信，不化而自行，荡荡乎民无能名焉。丘疑其为圣，弗知真为圣欤？真不圣欤？"商太宰默然心计曰："孔丘欺我哉！"

此指释迦如来而言也。先举盛德之君，自三王溯而上之，以至五帝三皇，皆不得称为至圣。独西方之人可以称之，岂非佛之德智，超过三皇五帝乎？既欲称为至圣，而复作疑似之言，以孔子未曾亲见故也。且释迦之德，非言语所能形容，圣与非圣，举不足以称之。商太宰何人，而能信解此言乎！

列子见南郭子

子列子既师壶丘子林，友伯昏瞀人，乃居南郭。从之处者，日数而不及。虽然，子列子亦微焉，朝朝相与辨[1]，无不闻。子列子慈心济世，显道之大。而与南郭子连墙，二十年不相谒请。南郭子抗志绝俗，显道之尊。相遇于道，目若不相见者。两人俱到亡言绝虑境界，所以相遇之时，心迹落落，无可交接也。门之徒役，以为子列子与南郭子有敌不疑。有自楚来者，问子列子曰："先生与南郭子奚敌？"子列子曰："南郭子貌充、心虚、耳无闻、目无见、口无言、心无知、形无惕，历举南郭七德，而以心虚为本，虚至极处，与空如来藏相应，所谓无法可现，非觉照义也。往将奚为？虽然，试与汝偕往。"

阅弟子四十人同行，见南郭子果若欺魄焉，欺魄，无知之貌。而不可与接。顾视子列子，形神不相偶，而不可与群。形神俱丧，与道合真。南郭子俄而指子列子之弟子末行者与言，衎衎然若专直而在雄者。不论师资，不简首末，言机一发，锐不可当。唐时禅宗尊宿，每有此风。子列子之徒骇之，反舍，咸有疑色。

子列子曰：以下分为七层。"得意者无言；此第一层，心领神会，非言可喻。进知者亦无言；此第二层，真智显现，言语道断。用无言为言亦言，无知为知亦知；此第三层，由体起用，无而为有。无言与不言，无知与不知；此第四层，摄用归体，无无亦无。亦言亦知；此第五层，全泯不碍全彰。亦无所不言，亦无所不知；此第六层，应机无滞。亦无所言，亦无所知。此第七层，全彰不碍全泯。如斯而已，道体之妙，尽

---

[1] "辩"，原作"辨"，今据文义改。——校者注

于是矣。汝奚妄骇哉！"

此章显有道之士，非凡情所测也。二子连墙而居，不相交接，外人焉得而不疑。及列子率门徒以往，又见南郭子言貌异常，自非列子七番详陈，阐明言知之理，世人哪得释其疑耶？

列子好游

初，子列子好游。壶丘子曰："御寇好游，游何所好？"列子曰："游之乐，所玩无故。人之游也，观其所见；我之游也，观其所变。游乎！游乎！未有能辨其游者。"

壶丘子曰："御寇之游，固与人同欤，而曰固与人异欤？凡所见，亦恒见其变。玩彼物之无故，不知我亦无故。务外游，不知务内观。外游者求备于物，内观者取足于身。取足于身，游之至也；求备于物，游之不至也。"于是列子终身不出，自以为不知游。

壶丘子曰："游其至乎！至游者不知所适，至观者不知所眂。物物皆游矣，物物皆观矣。是我之所谓游，是我之所谓观也。故曰：游其至矣乎！游其至矣乎！"

列子未明唯识道理，向外驰求。观其答壶子语，自以为高出常人矣，而不知物之变化虽多，总不外乎唯心所现也。壶子斥其不异于人，而复示以物我同一无常，令其返观自心，体备万法，以为游观之境。列子心领神会，而终身行之。壶子叹为至游，盖与老子"不出户，知天下；不窥牖，见天道"一章同意。

文挚视疾

龙叔谓文挚曰："子之术微矣。吾有疾，子能已乎？"文挚曰："唯命所听。然先言子所病之证。"

龙叔曰："吾乡誉不以为荣，国毁不以为辱；得而不喜，失而弗忧；视生如死，视富如贫；视人如豕，视吾如人；处吾之家，如逆旅之舍；观吾之乡，如戎蛮之国。凡此众疾，爵赏不能劝，刑罚不能威，盛衰、利害不能易，哀乐不能移。固不可事国君，交亲友，御妻子，制仆隶。此奚疾哉？奚方能已之乎？"

文挚乃命龙叔背明而立，文挚自后向明而望之。既而曰："嘻！吾见子之心矣：方寸之地虚矣，几圣人也。子心六孔流通，一孔不达。今以圣智为疾者，或由此乎？非吾浅术所能已也。"

龙叔修道于前生，宿习力强，心不偕俗，自以为病。文挚虽望而见之，而不知治之之法。其一孔不达者，隔世之迷，思维心生，障蔽正智也。欲治此病，在修习止观，以澄其识浪，自然正智现前，超凡入圣矣。文挚术浅，何足以治之。

生死道常

无所由而常生者，道也。不假修习，本觉常存，道之体也。由生而生，故虽终而不亡，常也。依本觉有不觉，依不觉有始觉。幻躯虽坏，自性不迷，湛然常住。由生而亡，不幸也。既能觉悟，忽而亡失，实大不幸。有所由而常死者，亦道也。除灭无明，而妄心永寂，自然契道。由死而死，故虽未终而自亡者，亦常。寂而又寂，身虽住世，而我执已亡，即证真常。由死而生，幸也。由妄心死，而真心生，实大幸也。

故无用而生，谓之道。虽无作为，而示现受生，是菩萨道。用道得终，谓之常。安详顺世，千圣通规。有所用而死者，亦谓之道。舍身布施，是菩萨道。用道而得死者，亦谓之常。为道而死，亦利生之常事也。

此章分为两段。前段生死属心，专为自利，就真谛说，内分二门：一、显性门，二、断惑门。后段生死属身，专为利他，就俗谛说，亦分二门：一、乐游门，二、苦行门。《列子》书中，唯此一章最为难解。今依佛教义释之。若与旧注参看，孰得孰失，必有能辨之者。

尧治天下

尧治天下五十年，不知天下治欤？不治欤？不知亿兆之愿戴己欤？不愿戴己欤？顾问左右，左右不知；问外朝，外朝不知；问在野，在野不知。

尧乃微服游于康衢，闻儿童谣曰："立我蒸民，莫匪尔极。不识不知，顺帝之则。"尧喜，问曰："谁教尔为此言？"童儿曰："我闻之大夫。"问大夫，大夫曰："古诗也。"

尧还宫，召舜，因禅以天下。舜不辞而受之。

此章描写治道之极致，后世贤圣之君所不能及也。君不自知，则君亡情矣；左右不知，则左右亡情矣；外朝、在野皆不知，则均亡情矣。尧无可问，只得游于康衢。忽闻童谣之辞，恰似以空印空。举国臣民，同入于太和之境矣。尧欲不禅，其可得乎？舜欲不受，其可得乎？阅此章，而不坦然忘我，游心于尧舜之世者，则其人可知矣。

关尹论道

关尹喜曰："在己无居，觅心了不可得，即是如实空。形物其著。头头显露，法法全彰，即是如实不空。古人云"见物即见心，无物心不现"，与此同意。其动若水，性本无动，而流动随缘。其静若镜，空明之体，虽现万象，而无所动。其应若响。响随声应，而不自发。故其道，若物者也。"若"字，犹佛经之"如"字。如事如理，一切皆如，谓之如如不动。物自违道，抉其根源，咎由自取。道不违物。种瓜得瓜，种豆得豆。善若道者，亦不用耳，亦不用目，亦不用力，亦不用心。欲若道，而用视、听、形、智以求之，弗当矣。凡夫耳目心力为物所囿，故违于道。若能超越视听形智之域，则勿求而自得矣。瞻之在前，忽焉在后。道无方所。用之弥满六虚，废之莫知其所。道非有无。亦非有心者所能得远，亦非无心者所能得近。心有心无，道未尝变。唯默而得之，不关语言文字。而性成之者得之。本性现成，岂假外求。知而亡情，能而不为，真知真能也。发无知，何能情？发不能，何能为？无知者，真知也；真知现前，自然亡情。不能者，真能也；真能现前，自然不为。二"发"字，由本源性地发现，如花之开也。"何能情"，无妄情矣；"何能为"，无妄为矣。言其妄情妄为，自然永断。聚块也，积尘也，虽无为而非理也。"申明情与无情之异。有情断惑证真而成道果，无情转为依报庄严。眼前尘块，皆是众生妄业所感。虽无为，而不同性地之无为。以性地之无为，能起神用，所以异也。

《列子》引关尹语甚多，以此章为最精。世所传《关尹子》

九篇者，伪作也。得此章而读之，关尹子之面目见矣。

汤问第五

汤问夏革

殷汤问于夏革曰："古初有物乎？"夏革曰："古初无物，今恶得物？后之人将谓今之无物，可乎？"

殷汤曰："然则物无先后乎？"夏革曰："物之终始，初无极已。始或为终，终或为始。恶知其纪？然自物之外，自事之先，朕所不知也。"

殷汤曰："然则上下八方有极尽乎？"革曰："不知也。"

汤固问。革曰："无则无极，有则有尽。朕何以知之？然无极之外，复无无极；无尽之中，复无无尽。无极复无无极，无尽复无无尽。朕以是知其无极无尽也，而不知其有极有尽也。"

汤疑万物有始，革以无始答之。汤会其意而知物无先后，革即申明终始循环之妙。复恐汤问物外、事先，预以不知杜其推求之心。盖思虑所不及处，即是物之外、事之先也。汤又疑虚空有尽，革答不知，是截断情识之利刃也。

汤不能领而固问之，革以有无二门详答。所言无者，十方虚空也；有者，天地万物也。虚空无极，天地有尽，人所共知，而说不知者何也？盖有从无生，无从有显，有无互摄，总非意言分别所能楷定也。故下文层层披剥，以明无极无尽之义，与内典所云虚空无边、世界无边、众生无边同意。

焦螟

江浦之间生么虫，其名曰焦螟，群飞而集于蚊睫，弗相触也。栖宿去来，蚊弗觉也。离朱、子羽方昼拭眦扬眉而望之，弗见其形；魀俞、师旷方夜擿耳俯首而听之，弗闻其声。唯黄帝与容成子，居空峒之上，同斋三月，心死形废。徐以神视，块然见之，若嵩山之阿；徐以气听，砰然闻之，若雷霆之声。

佛制罗汉饮水，只用肉眼观，不得用天眼观。若以天眼观之，欲求无虫之水，不可得矣。黄帝、容成得天眼、天耳通，能见焦螟之形，闻焦螟之声。所谓"同斋三月，心死形废"者，修通之方法也。经云：一一微尘，皆有广大法界。佛与菩萨集会说法。世人多不能信，若以焦螟之说证之，复何疑哉！

愚公移山

大形、人相。王屋我相。二山，巍然对峙，方七百里，高万仞。本在冀州之南，河阳之北。适当其中。

北山愚公者，不度德，不量力，称之为愚。年且九十，面山而居。阅历既深，方知二山为碍。惩山北之塞，出入之迂也。二山亘于怀中，不能直道而行。聚室而谋曰："吾与汝毕力平险，指通豫南，达于汉阴，可乎？"忽起移山之计，其愚不可及也。杂然相许。去塞就通，人所乐从。其妻献疑曰："以君之力，曾不能损魁父之丘，如大形、王屋何？且焉置土石？"愚公之心阳而直，其妻之心阴而曲，道心人心，两相违背，是以献疑而阻之。杂曰："投诸渤海之尾，隐土之北。"消散于不可见之地。遂率子孙荷担者三夫，"道生一，生二，二生三，三生万物。"今有三人，即万夫之渐也。愚公之气壮矣。叩石垦壤，箕畚运于渤海之尾。不以己所恶者，贻害他人。邻人京城氏之孀妻，有遗男，始龀，跳往助之。京城氏有大家风范，助道缘也。以孀妻弱子而能助力，益坚愚公之志矣。寒暑易节，始一反焉。

　　河曲智叟笑而止之曰："甚矣，汝之不惠！以残年余力，曾不能毁山之一毛，其如土石何？"叟之心思，如河流之屈曲盘旋，障道缘也。以世智辩聪，巧言乱德，幸愚公不为所动。不然，殆矣。北山愚公长息曰："汝心之固，固不可彻，曾不若孀妻弱子。虽我之死，有子存焉。子又生孙，孙又生子。子又有子，子又有孙。子子孙孙，无穷匮也。而山不加增，何苦而不平？"愚公以生灭心为主，凡夫意识也。虽相续无穷，而其力甚微。河曲智叟亡以应。

　　操蛇之神闻之，传送识也。惧其不已也，告之于帝。帝者，真识也。真识为主，能起大用。帝感其诚，命夸蛾氏夸，大也；蛾，能飞者也。即是大乘，亦名摩诃衍。二子，一名奢摩陀，止也；二名毗婆舍那，观也。负二山，一厝朔东，一厝雍南。以大乘止观之力，除人我二山，顷刻都尽。自此冀之南，汉之阴，无陇断焉。履道坦坦，一望无垠，愚公从此安享太平矣。

　　此章策励世人精勤修道，不存退志也。人我二见，为害甚巨，令修行者不得自由，故须除之。然以思维心除之甚难，必由真智为主，以止观力而移去之。中间许多周折，形容初步艰难，至止观双行，而一道齐平矣。

愚公、智叟判然两途。学愚公者，能获大益；学智叟者，终身无成。世俗之人，鲜不以此言为迂也。

夸父追日

夸父不量力，欲追日影，遂之于隅谷之际。渴欲得饮，赴饮河、渭。河、渭不足，将走北，饮大泽。未至，道渴而死。弃其杖尸，膏肉所浸生邓林。邓林弥广数千里焉。

此章人皆不识其意之所指，合上章而观之，则晓然矣。愚公身老力衰，以子孙无尽之传，不限时代，而建业移山，竟得成功。夸父恃其身强力大，欲以崇朝之功，追及日影，遂致渴死。世之学道者，当以是为鉴，起恒常心，经久不懈，绵密用功，必能遂意。若以急躁心，求其速成，虽有大乘根器，亦不免于中途而废也。何则？克期太促，用力太猛，或遭邪魔，或觏疾病，以至退失初心，与渴死何以异哉？

愚公所移之山，人我障也，移其可移者也；夸父所追日影，虚幻相也，追其不可追者也。发趣异途，成坏立判矣！

两儿辩日

孔子东游，见两小儿辩斗。问其故，一儿曰："我以日始出时去人近，而日中时远也。"一儿以日初出远，而日中时近也。一儿曰："日初出大如车盖，及日中则如盘盂。此不为远者小，而近者大乎？"一儿曰："日初出沧沧凉凉，及其日中如探汤。此不为近者热，而远者凉乎？"孔子不能决也。两小儿笑曰："孰谓汝多知乎？"

此章与二僧论风幡相似。所谓大小、远近、炎凉，皆是六识妄缘，都无实义。若离遍计性，此等情见纤毫不起。孔子见两儿迷执太坚，不能晓以大道，故且置之，而任其讪笑也。

今依天文格致家之理，亦甚易解。地为圆体，半径一万二千里，日初出时，远半径；日中时，近半径。晨光横射而来，故凉；午景直射而下，故热。又依视学，凡见远物，平视大于仰视。如将纸鸢之线撤尽，执于远处则见其大，放至空中则见其小，此实证也。日初出时，蒙气厚，故显大；日渐高，蒙气渐薄，故渐小。此皆俗谛，无关大道。略述梗概，以破两儿之愚迷而已。

扁鹊换心

鲁公扈、赵齐婴二人有疾，同请扁鹊求治。扁鹊治之，既同愈，谓公扈、齐婴曰："汝曩之所疾，自外而干府藏者，固药石之所已。今有偕生之疾，与体偕长，今为汝攻之何如？"二人曰："愿先闻其验。"扁鹊谓公扈曰："汝志强而气弱，故足于谋而寡于断。齐婴志弱而气强，故少于虑而伤于专。若换汝之心，则均于善矣。"

扁鹊遂饮二人毒酒，迷死三日，剖胸探心，易而置之。投以神药，既悟如初。二人辞归。于是公扈反齐婴之室，而有其妻子，妻子弗识。齐婴亦反公扈之室，而有其妻子，妻子亦弗识。二室因相与讼，求辨于扁鹊。扁鹊辨其所由，讼乃已。菩萨入俗利生，须学五明。文挚、扁鹊，皆医方明者也。

此章述扁鹊之神技也。以后世同类之事证之，则不必剖胸换心，专易二人之神识，足矣。尝有道家者流，自嫌衰老，欲换少壮之身，与人同寝，即交易而去。又晋时有梵僧昙无谶者，人求其诵《涅槃经》，谶以不善华言，祈祷观音。夜梦观音易其头，遂通华言。而头之形容如故，乃观音之神力也。

《悟真篇》内有投胎、夺舍并移居之句。投胎者，住胎十月方生也。夺舍者，胎中婴孩，本有识神，于出胎时，被有力者撞而夺之也。世人临产，见有僧道或显者来，即此类也。移居者，必炼气功深，乘人之熟睡而换之。文中剖换之术，不必判其真假，但以扁鹊之神技，必有法互易神识，而令二人均其志气也。

师文鼓琴

瓠巴鼓琴而鸟舞鱼跃。郑师文闻之，弃家从师襄游。柱指钧弦，三年不成章。师襄曰："子可以归矣。"师文舍其琴，叹曰："文非弦之不能钧，非章之不能成。文所存者不在弦，所志者不在声。内不得于心，外不应于器，故不敢发手而动弦。且小假之，以观其后。"

无几何，复见师襄。师襄曰："子之琴何如？"师文曰："得之矣。请尝试之。"于是当春而叩商弦以召南吕，凉风忽至，草木成实；及秋而叩角弦以激夹钟，温风徐回，草木发荣。当夏而叩羽弦以召黄钟，霜雪交下，川池暴沍；及冬而叩徵弦以激蕤宾，阳光炽烈，坚冰立散。将终，命宫而总四弦，则景风翔，庆云浮，甘露降，醴泉涌。

师襄乃抚心高蹈曰："微矣子之弹也！虽师旷之清角，邹衍之吹律，亡以加之。彼将挟琴、执管，而从子之后耳！"

师文鼓琴，三年而不成章，固有异于常人矣。"文所存者"数语，非但常人不知，恐师襄亦不能知。及其有得而试之，则变换四时，何其妙也。

而疑之者则曰：文中有"当春""及秋""当夏""及冬"八字，则知变换四时必依当时原有之气候为本，方能变为异时气候。是则欲试其技，必分四时鼓之，不能一时全试也。

解之者曰：按此文意，应在一时。设鼓琴正当春时，以商弦叩之，则变而为秋。既变而为秋矣，即以所变之秋为本，而叩之以角弦，遂变而为春。作者但取文便，以春秋作一对，夏冬作一对，不暇计及夏之无本也。应以秋变而为夏，夏变而为冬，皆以所变之景物为本而转换之。遂得一日之间，备历四时，而毫无遗憾。乃"命宫而总四弦"，则祥瑞齐现，妙用全彰。宜乎师襄叹赏不置也。或疑鼓琴何关乎道？当知道体无所不在，琴之妙，即道之妙也。

薛谭学讴

薛谭学讴于秦青，未穷青之技，自谓尽之，遂辞归。秦青弗止，饯于郊衢，抚节悲歌，声振林木，响遏行云。薛谭乃谢求反，终身不敢言归。

　　秦青顾谓其友曰："昔韩娥东之齐，匮粮，过雍门，鬻歌假食。既去，而余音绕梁欐，三日不绝，左右以其人弗去。过逆旅，逆旅人辱之。韩娥因曼声哀哭，一里老幼，悲愁垂涕相对，三日不食。遽而追之，娥还，复为曼声长歌，一里老幼，喜跃抃舞，弗能自禁，忘向之悲也。乃厚赂发之。故雍门之人，至今善歌哭，效娥之遗声。"上章鼓琴，此章讴歌，皆五明中之声明也。

　　随举一技，至造极时，皆非思议所能及，此何故耶？因其本如来藏妙真如性也。六根六尘，莫不皆然。故发为讴歌，能振林木，遏行云，遍虚空界显妙用也。以才生即灭之音声，而能绕梁三日，其经于众生耳根者，何其深也。至于哀哭长歌，而令人悲喜转变，不能自主，韩娥之声学，可谓至矣。

　　然比于佛之音声，犹其小焉者。内典所载，法界无边，佛音声亦无边。"佛以一音演说法，众生随类各得解。皆谓世尊同其语，斯则神力不共法。"岂凡情所能测耶？《列子》此章述音声之妙，出过常情。以见本性德用，随处显露，令人起欣慕之心耳。

来丹报仇

　　魏黑卵粗恶之名。以暱嫌杀丘邴章。丘邴章之子来丹，诚笃之称。谋报父之仇。丹气甚猛，形甚露，计粒而食，顺风而趋。虽怒，不能称兵以报之。耻假力于人，誓手剑以屠黑卵。体弱志强，宜得宝剑。黑卵悍志绝众，力抗百夫，筋骨皮肉，非人类也。延颈承刃，披胸受矢，铠锷摧屈，而体无痕挞。负其材力，视来丹犹雏鷇也。

来丹之友申他曰："子怨黑卵至矣，黑卵之易子过矣，将奚谋焉？"来丹垂涕曰："愿子为我谋。"申他曰："吾闻卫孔周，其祖得殷帝之宝剑。有其人，方有其器。非殷帝不能用，非孔周不能藏。若入他人之手，早已化龙飞去矣。一童子服之，却三军之众。以威神制之，非在杀也。奚不请焉？"来丹遂适卫。见孔周，执仆御之礼，请先纳妻子，后言所欲。

孔周曰："吾有三剑，唯子所择。皆不能杀人，内典云：般若大火，烧尽一切世间尽无有余，而不损一草，即此义也。且先言其状：一曰含光，视之不可见，运之不知有。其所触也，泯然无际，经物而物不觉。二曰承影，将旦昧爽之交，日夕昏明之际，北面而察之，淡淡然若有物存，莫识其状。其所触也，窃窃然有声，经物而物不疾也。三曰宵练，方昼，则见影而不见光；方夜，见光而不见形。其触物也，骕然而过，随过随合，觉疾而不血刃焉。此三宝者，传之十三世矣，而无施于事。剑之为用，非凡情所测。匣而藏之，未尝启封。"

来丹曰："虽然，吾必请其下者。"孔周乃归其妻子，与斋七日。晏阴之间，跪而授其下剑。与斋七日，而于晏阴之日授之，此何物也？岂世间钢铁所铸者耶？其质在有无之间，来丹若不慎密，则失之矣。来丹再拜，受之以归。

来丹遂执剑从黑卵。时黑卵之醉，偃于牖下。自颈至腰三斩之，黑卵不觉。忒煞昏迷。来丹以黑卵之死，趣而退。遇黑卵之子于门，击之三下，如投虚。_{人之形体本虚，世}人妄以为实。今以宵练击之，方知其虚。来丹可以悟矣，何仇之足云。黑卵之子方笑曰："汝何蛩而三招予？"_{来丹仇人也，忽而三招予，不悟何待。}来丹知剑之不能杀人也，叹而归。_{来丹既悟人剑俱空，报仇之念消矣。}

黑卵既醒，_{亦有悟时。}怒其妻曰："醉而露我，使我嗌疾而腰急。"其子曰："畴昔来丹之来，遇我于门，三招我，亦使我体疾而支强，彼其厌我哉！"_{章末余波，不关道意。}

情与无情，皆以真空法性为体。证道之人，物不能伤，如别章所说；至精之物，亦不伤人，如此章所明。人皆以报仇不成，为来丹惜；我则以报仇事毕，为来丹庆。何也？冤仇相报，无已时也。今知四大本空，五阴非有，则当处解脱，转热恼为清凉，岂非大快事哉！

或疑三剑，必无此物，今为释之。内典所载，忉利天王与修罗战，用种种兵，四天王及护法诸天亦有执剑者，证知此剑乃天人所授也。殷帝御世，用此剑以降服鬼神，驱除恶魔，去其害民者。又若临敌交战，仗此剑以往，则敌兵威服，自然退却。殷帝既没，入于孔氏之家。惜乎来丹请下剑，志在杀仇，非其用也。倘来丹请上剑以往，数黑卵之罪而以剑临之，自然低首下心，悔过请宥，从此黑卵改为良善，则剑之为用大矣。

力命第六

力不胜命

力谓命曰:"若之功奚若我哉?"命曰:"汝奚功于物,而欲比朕?"力曰:"寿夭穷达,贵贱贫富,我力之所能也。"

命曰:"彭祖之智,不出尧舜之上,而寿八百;颜渊之才,不出众人之下,而寿四八。仲尼之德,不出诸侯之下,而困于陈、蔡;殷纣之行,不出三仁之上,而居君位。季札无爵于吴,田恒专有齐国;夷齐饿于首阳,季氏富于展禽。若是汝力之所能,奈何寿彼而夭此,穷圣而达逆,贱贤而贵愚,贫善而富恶耶?"

力曰:"若如若言,我固无功于物,而物若此耶?此则若之所制耶?"命曰:"既谓之命,奈何有制之者耶?朕直而推之,曲而任之,自寿自夭,自穷自达,自贵自贱,自富自贫。朕岂能识之哉?朕岂能识之哉?"

力者,现世所用之才智也;命者,过去所作之业因也。业因为种,存于八识田中,强弱不齐,生熟不等,先后发现,即为果报。世人不知,称之谓命。自古以来,莫不皆然。

《列子》此篇劝人安命,损却许多烦恼也。文中历叙寿、夭、穷、达之差池,不与其人贤、愚、善、恶相称,令人欲问彼苍而莫得其解,徒以一"命"字了之。章末"自寿""自夭"等八个"自"字,隐含自种发现、自身酬业之意,非命所能制,不过直推曲任而已。不然，彼造物者何能受廓然大公之名哉？

北宫子安命

北宫子谓西门子曰："朕与子并世也，而人子达；并族也，而人子敬；并貌也，而人子爱；并言也，而人子庸；并行也，而人子诚；并仕也，而人子贵；并农也，而人子富；并商也，而人子利。朕衣则裋褐，食则粢粝，居则蓬室，出则徒行。子衣则文锦，食则粱肉，居则连欐，出则结驷。在家熙然有弃朕之心，在朝谔然有敖朕之色。请谒不相及，遨游不同行，固有年矣。子自以德过朕邪？"

西门子曰："予无以知其实。汝造事而穷，予造事而达，此厚薄之验欤？而皆谓与予并，汝之颜厚矣。"北宫子无以应，自失而归。

中途遇东郭先生。先生曰："汝奚往而反，偊偊而步，有深愧之色邪？"北宫子言其状。东郭先生曰："吾将舍汝之愧，与汝更之西门氏而问之。"曰："汝奚辱北宫子之深乎？固且言之。"西门子曰："北宫子言世族、年貌、言行与予并，而贱贵、贫富与予异。予语之曰：'予无以知其实。汝造事而穷，予造事而达，此将厚薄之验欤？而皆谓与予并，汝之颜厚矣。'"

东郭先生曰："汝之言厚薄，不过言才德之差，吾之言厚薄异于是矣。夫北宫子厚于德，薄于命；汝厚于命，薄于德。汝之达，非智得也；北宫子之穷，非愚失也。皆天也，非人也。而汝以命厚自矜，北宫子以德厚自愧，皆不识夫固然之理矣。"西门子曰："先生止矣！予不敢复言。"

北宫子既归，衣其袒褐，有狐貉之温；进其茙菽，有稻粱之味；庇其蓬室，若广厦之荫；乘其筚辂，若文轩之饰。终身逌然，不知荣辱之在彼也，在我也。东郭先生闻之曰："北宫子之寐久矣，一言而能寤，易怛也哉！"

北宫子以世俗之见，与西门子较量穷达，宜乎为西门子所讪笑也。幸东郭先生以天命晓之，西门子既服，北宫子亦释然心安，何其感化之速耶？

虽然，此三子者，皆未闻道也。夫闻道者，不为命之所囿，而能造乎命者也。且能断己之命根，以出没于命所不及之处。人天三界，随意寄托。十方国土，应愿往生。博施济众，而不受福德。永劫修行，而不辞劳瘁。菩萨有十力，佛有十力，皆以力胜，谓之力波罗蜜，何命之足云。若规规然以听天任命为宗，亦终于随业流转而已。

杨朱第七[*]

说符第八

持后处先

子列子学于壶丘子林。壶丘子林曰:"子知持后,则可言持身矣。"列子曰:"愿闻持后。"曰:"顾若影则知之。"列子顾而观影:形枉则影曲,形直则影正。然则枉直随形而不在影,屈伸任物而不在我。此之谓持后而处先。

此以形影喻心法也。"形枉则影曲,形直则影正",以喻心邪则万法皆恶,心正则万法皆善。法从心生,犹之影随形现也。学道之人,心有主宰,则万法唯心所转。心则处先而能持其后矣。非若世人心随物转,不能自由,以致后先倒置也。"屈伸任物而不在我"一语,是转机,恐后人执成死句,不能超脱耳。"任物"云者,即是一切无心而已。

九方皋相马

秦穆公谓伯乐曰:"子之年长矣,子姓有可使求马者乎?"伯乐对曰:"良马可形容筋骨相也。天下之马者,若灭若没,若亡若失,若此者绝尘弭辙。臣之子皆下才也,可告以良马,不可告以天下之马也。臣有所与共担

---

* 杨仁山先生在此章名下有注云:"此章恣情放逸,非列子之书,不足取也。"——校者注

缠薪菜者，有九方皋。此其于马，非臣之下也。请见之。"

穆公见之，使行求马。三月而反，报曰："已得之矣，在沙丘。"穆公曰："何马也？"对曰："牝而黄。"使人往取之，牡而骊。穆公不说。召伯乐而谓之曰："败矣！予所使求马者，色物、牝牡尚弗能知，又何马之能知也。"

伯乐喟然太息曰："一至于此乎？是乃其所以千万臣而无数者也。若皋之所观，天机也。得其精而忘其粗，在其内而忘其外。见其所见，不见其所不见；视其所视，而遗其所不视。若皋之相马，乃有贵乎马者也。"马至，果天下之马也。

此章可作三种喻。一者，求经世之才，须具九方皋眼目，方能得伊尹、太公其人者；二者，接超世之机，须具九方皋眼目，方能得六祖、临济其人者；三者，读载道之书，须具九方皋眼目，不在语言文字上计较短长。

心与古会，而离言妙旨，豁然显露，求文字相，了不可得。观其言天下之马，"若灭若没，若亡若失"，岂专论马也哉？其寄意远矣。唯九方皋观之以天机，始能见其神。既得其神，则牝牡、骊黄，何庸介意？故伯乐以"得精忘粗"等四句称之。此四句义，实为三喻之秘密心法也。

不死之道

昔人言有知不死之道者，燕君使人受之。不捷，而言者死。燕君甚怒其使者，将加诛焉。幸臣谏曰："人所忧者莫急乎死，己所重者莫过乎生。彼自丧其生，安能令君不死也。"乃不诛。

有齐子亦欲学其道，闻言者之死，乃抚膺而恨。富子闻而笑之曰："夫所欲学不死，其人已死，而犹恨之，是不知所以为学。"

胡子曰："富子之言非也。凡人有术不能行者有矣，能行而无其术者亦有矣。卫人有善数者，临死以诀喻其子，其子志其言而不能行也。他人问之，以其父所言告之。问者用其言而行其术，与其父无差焉。若然，死者奚为不能言生术哉？"

此章示学道之要门也。知而未行者可以教人，而得其传者可以成道，此理之当然者。而世人每不信之，以致当面错过，终身无学。为治此病，分作三层。一者，燕君不得其术而怒使者，纳幸臣之谏而释然无悔，可谓毫无灼见矣；二者，齐子恨言者之死，而富子笑之。胡子申其正义，以解富子之诮；三者，胡子引卫人之事以实其说，卫子得父之传而不能行，告之于人而人行之，与其父同。学道之人，苟知此意，则寻师访友，随处获益。然亦须辨其邪正，方不被外道所惑也。

不死之道，出自黄帝。战国末时，已失其传。秦皇、汉武求之而不可得。后来金丹之术行于世间，真伪杂出。梁隐士陶弘景得其真传，授之沙门昙鸾。鸾遇菩提留支，详论不死之道，遂焚仙经而修净土。以《观经》为宗，即得上品上生，瑞应弥空，人所共见。六朝以来，行此法者，皆能往生净土，得不死之道，无有终极。此法以《无量寿经》《观经》《阿弥陀经》《往生论》四种为本，卷册具在，不烦他求。若不依此法，而别求师传，误入邪途，深为可惜。岂知不死之道，即在目前，人人可学，只须发起真实信心，便能超出三界，永脱轮回也。

简子放生

邯郸之民，以正月之旦，献鸠于简子。简子大悦，厚赏之。客问其故。简子曰："正旦放生，示有恩也。"客曰："民知君之欲放之，竞而捕之，死者众矣。君如欲生之，不若禁民勿捕。捕而放之，恩过不相补矣。"简子曰："然。"

简子之误，在厚赏献鸠者，即以启网捕之害也。客以正义晓之，实探源之论。为人上者所当学。然不可以此言，而遂废放生之善举也。盖力之所能禁者，禁之；力所不能禁者，买而放之。远追流水长者之遗风，而与业道众生结未来出世因缘，岂非菩萨道中之大方便乎！

鲍子进言

齐田氏祖于庭，食客千人坐中。有献鱼雁者。田氏视之，乃叹曰："天之于民厚矣！殖五谷、生鱼鸟，以为之用。"众客和之如响。

鲍氏之子，年十二，预于次，进曰："不如君言。天地万物，与我并生类也。类无贵贱，徒以小大智力而相制，迭相食。非相为而生之。人取可食者而食之，岂天本为人生之？且蚊蚋嘬肤，虎狼食肉，非天本为蚊蚋生人、虎狼生肉者哉？"

田氏以世俗之见，叹天之厚于人，与西洋教义相同。鲍氏之子，突然而出，如霜钟破晓，警醒昏迷，非菩萨应化而何？此等语言，中夏未之前闻。唯西竺婆罗门制断肉戒，释迦降生，演说六道轮回之苦。一切有情，无非过去世中父母六亲，尚忍食其肉，以资一时之口腹哉？故《楞伽经》终之以不食肉。《列子》八篇将终，亦有二章述救护生灵之道。何其与佛经遥遥相应如出一辙耶？

南华经发隐

叙

太史公言庄周作《渔父》《盗跖》《胠箧》,以诋訾孔子之徒,以明老子之术。岂知《渔父》《盗跖》皆他人依托,大违庄子本意。观其内篇推尊孔子处,便可知矣。司马氏不于内篇窥庄子之学,而据伪撰以判庄子,宜其将老、庄、申、韩合为一传也。至唐初尊之为《南华经》,而作注解者渐多。唯明之陆西星、憨山清二家,以佛理释之。憨山仅释内篇,西星则解全部。今阅二书,犹有发挥未尽之意。因以己意释十二章,与古今著述迥不相同。质之漆园,当亦相视而笑。尝见《宗镜》判老庄为通明禅,憨山判老庄为天乘止观。及读其书,或论处世,或论出世。出世之言,或浅或深,浅者不出天乘,深者直达佛界。以是知老、列、庄三子,皆从萨婆若海逆流而出,和光混俗,说五乘法人乘、天乘、声闻乘、菩萨乘、佛乘。能令众生随根获益。后之解者,局于一途,终不能尽三大士之蕴奥也。

光绪甲辰仲秋之月
石埭杨文会识于金陵刻经处

鲲鹏变化 逍遥游

北冥有鱼，其名为鲲。鲲之大，不知其几千里也。化而为鸟，其名为鹏。鹏之背，不知其几千里也。怒而飞，其翼若垂天之云。是鸟也，海运则将徙于南冥。南冥者，天池也。《齐谐》者，志怪者也。《谐》之言曰："鹏之徙于南冥也，水击三千里，抟扶摇而上者九万里，去以六月息者也。"野马也，尘埃也，生物之以息相吹也。天之苍苍其正色耶？其远而无所至极耶？其视下也，亦若是则已矣。且夫水之积也不厚，则负大舟也无力。覆杯水于坳堂之上，则芥为之舟。置杯焉则胶，水浅而舟大也。风之积也不厚，则其负大翼也无力。故九万里则风斯在下矣，而后乃今培风，背负青天而莫之夭阏者，而后乃今将图南。

蜩与学鸠笑之曰："我决起而飞，抢榆枋，时则不至，而控于地而已矣。奚以之九万里而南为？"适莽苍者，三餐而反，腹犹果然；适百里者，宿舂粮；适千里者，三月聚粮。之二虫又何知！小知不及大知，小年不及大年。奚以知其然也？朝菌不知晦朔，蟪蛄不知春秋，此小年也。楚之南有冥灵者，以五百岁为春，五百岁为秋。上古有大椿者，以八千岁为春，八千岁为秋。而彭祖乃今以久特闻，众人匹之，不亦悲乎！汤之问棘也是已：穷发之北，有冥海者，天池也。有鱼焉，其广数千里，未有知其修者，其名为鲲。有鸟焉，其名为鹏。背若泰山，翼若垂天之云。抟扶摇羊角而上者九万里。绝云气，负青天，然后图南，且适南冥也。斥鷃笑之曰："彼且奚适也。我腾跃而上，不过数仞而下。翱翔蓬蒿之间，此亦飞之至也。而彼且奚适也。"此小大之辨也。

故夫知效一官，行比一乡，德合一君，而徵一国者，其自视也亦若此矣。而宋荣子犹然笑之。且举世而誉之而不加劝，举世而非之而不加沮。定乎内外之分，辨乎荣辱之境，斯已矣。彼其于世未数数然也。虽然，犹有未树也。夫列子御风而行，泠然善也。旬有五日而后反，彼于致福者未数数然也。此虽免乎行，犹有所待者也。若夫乘天地之正，而御六气之辨，以游无穷者，彼且恶乎待哉？故曰：至人无己，神人无功，圣人无名。

此一章书，有十大。一者，具大因；二者，证大果；三者，居大处；四者，翔大路；五者，御大风；六者，享大年；七者，游大道；八者，忘大我；九者，泯大功；十者，隐大名。

初释大因：北冥，幽暗之处也，鲲鱼潜藏其内，喻根本无明也。此无明体，即是诸佛不动智，是之谓具大因。

二释大果：鲲化为鹏，奋迅而飞，脱离阴湿，而游清虚，无障无碍，是之谓证大果。

三释大处：南冥天池，离明之方也。善财南询，龙女南往，皆以处表法。天池者，浮幢王刹诸香水海之象也，是之谓居大处。

四释大路：水击三千，高翔九万，苍苍一色，远而无极，虽六月乃息，仍不离一真法界也，是之谓翔大路。

五释大风：风积不厚，则不能负大翼，乘九万里之风，方可图南。此风何所表耶？乃表大愿也。现身九界，普行六度，乘此大愿，方证妙果，是之谓御大风。

六释大年：以小年大年相形，皆有限量之年也，意在无限量之年。如《齐物论》"莫寿乎殇子，而彭祖为夭"。寿夭齐，而大年显矣，是之谓享大年。

七释大道：若夫乘天地之正，而御六气之辨者，即大道也。无待于外，而游无穷者，即逍遥游也，是之谓游大道。

八释大我：夫至人者，宇宙在乎手，万化生乎身者也。法身大我，竖穷三际，横亘十方，而无我相可得，是之谓忘大我。

九释大功：藐姑神人，利泽遐敷，年丰物阜，而不见其功，是之谓泯大功。

十释大名：圣如唐尧，荡荡乎民无能名焉，是之谓隐大名。旧解谓此三人无有浅深，窃窥庄生之意，当以法报化三身配之。

以上略举十大，为《南华》别开生面，阐《逍遥游》之奥旨。至于文字离奇，章法变幻，诸家论之详矣，不烦赘述。

子綦丧我 齐物论

南郭子綦隐几而坐，仰天而嘘，嗒焉似丧其耦。颜成子游立侍乎前，曰："何居乎？形固可使如槁木，而心固可使如死灰乎？今之隐几者，非昔之隐几者也。"子綦曰："偃，不亦善乎而问之也。今者吾丧我，汝知之乎？"

此篇摘录开章七十余言，辨明丧耦、丧我二种差别。盖旁人见其容貌异常，有似丧耦。耦者，对待之法也。心不外缘，几如槁木死灰矣。而岂知南郭子内证无心，我执已亡乎？倘我执未亡，定有对待法时时现前，不能深入宝明空海、平等普观也。下文种种不齐之物论，皆从丧我一法而齐之，了无余蕴。所谓得其一万事毕者，此之谓也。

回问心斋 人间世

回曰："敢问心斋。"仲尼曰："若一志，无听之以耳，而听之以心。无听之以心，而听之以气。听止于耳，心止于符。气也者，虚而待物者也。唯道集虚。虚者，心斋也。"颜回曰："回之未始得使，实自回也。得使之也，未始有回也，可谓虚乎？"夫子曰："尽矣。"

仲尼欲示心斋之法，先以返流全一诫之。然后令其从耳门入，先破浮尘根，次破分别识，后显遍界不藏之闻性，即是七大中之根大。何以名之为气耶？盖所谓气者，身内身外，有情无情，平等无二者也。随有声动，闻根即显，所谓循业发现者是也。听止于耳，释浮尘根之分齐，根尘交接，滞而不脱，所以须破。心止于符，释分别识之分齐，五根对境，有同时意识，与五识俱，不前不后，故谓之符。此识盖覆真性，所以须破。

"气也者，虚而待物者也"，名之为气，其实真空也。自性真空，物来即应，故为道之本体。见此本体，安有不心斋者乎？颜子即时领解，而应之曰："未闻师训，妄执为我；既闻师训，本来无我。可得谓之虚乎？"夫子印之曰："心斋之法，尽于是矣。"

"吾语若：吾告汝，若能入游其樊，入卫君之樊，而不干其禄，故谓之游。而无感其名。不自炫其能，故无名可感。入则鸣，不入则止。闻者信从，则言之；闻者不信，则不言。无门、不立门户。无毒、不设医方。一宅，而寓于不得已，以一清虚之境，为栖神之所。感而后应，不为物先。则几矣。"于入世之道，其庶几乎。

"若能"二字，与"则几矣"三字，首尾相应。

下文劈空而来，纵横排荡，神化莫测，非法身大士，不能道其只字。

"绝迹易，行无辙迹，犹是易事。无行地难。让公答六祖云："圣谛亦不为，何阶级之有？"六祖云："汝如是，吾亦如是。"故知宗门极则，到无行地，所以最难也。为人使，易以伪。随情流转，动成虚妄。为天使，难以伪。率性而行，触处全真。闻以有翼飞者矣，未闻以无翼飞者也。古人云，不疾而速，不行而至，即是此义。有梵僧晨离天竺，午至东土，禅德犹嫌其缓。邓隐峰振锡凌空而过，令两军罢战。此皆无翼而飞者也。闻以有知知者矣，未闻以无知知者也。孔子曰："吾有知乎哉？无知也。"梁武帝问达摩曰："对朕者谁？"答曰："不识。"此皆无知而知者也。上二语皆说未闻，乃系叹美之辞，非谓其无有也。瞻彼阒者，虚室生白。分破无明，性空自显。吉祥止止。吉祥者，至善之地也。求其动相，了不可得，即是性定。而以修定契合，故重言止止也。《大学》言知止而后有定，亦同此意。夫且不止，此一转语，警醒愚迷。是之谓坐驰。虽妄念纷驰，而自性未尝动也。夫徇耳目内通，返见返闻，彻证心元。而外于心知，离分别识。鬼神将来舍，三界有情，同归性海。而况人乎？天下归仁。是万物之化也，无不从此法界流。禹、舜之所纽也，伏羲、几蘧之所行终，而况散焉者乎？"历举上古圣帝共行此道，以启后人信修之心。

此章孔、颜问答有千余言，今录后段二百余言，为之解释，以通其义。以前皆孔子徵诘之辞，至心斋以后，乃正答入卫之道，又复详示超世之学。穷高极微，为传心妙旨。至"耳目内通"一语，应前"听之以气"。"而况人乎"一语，作人卫收束。言辞如此善巧，而实出于无心也。

兀者王骀德充符

鲁有兀者王骀，从之游者与仲尼相若。常季问于仲尼曰："王骀，兀者也。从之游者，与夫子中分鲁。立不教，坐不议。虚而往，实而归。固有不言之教，无形而心成者耶？是何人也？"仲尼曰："夫子，圣人也。丘也直后而未往耳。丘将以为师，而况不若丘者乎？奚假鲁国，丘将引天下而与从之。"常季曰："彼兀者也，而王先生，其与庸亦远矣。若然者，其用心也独若之何？"

王骀与仲尼分道扬镳，一显一密。行显教者，耳提面命，进德修业，人所共知；行密教者，潜移默化，理得心安，人所难见。常季怪而问之，仲尼直以圣人称王骀，而愿引天下从之游，益动常季之疑矣。

仲尼曰："死生亦大矣，而不得与之变，虽天地覆坠，亦将不与之遗。审乎无假，而不与物迁，命物之化，而守其宗也。"常季曰："何谓也？"

痛切至死生，而不能动其心；毁坏至天地，而不能易其性。深知真常不变之义，不随万物迁化。且万物化生，同出一原。既穷其原，何有一物而不由之化生耶？"命"者，主宰义。入此三昧者，无作妙用，非情量所测，岂有主宰之心，如外道所称大梵天王者乎？"宗"者，万法之本也。若有可守，则非宗矣。愚者昧之，智者见之，知其头头显露，法法全彰，无坏无失，强名为守。此二句中，"命"字、"守"字，俱要活看，慎毋执言失旨也。仲尼如此开示，常季仍不能晓，故复问之。

仲尼曰："自其异者视之，肝胆楚越也。依生灭门，作差别观。自其同者视之，万物皆一也。依真如门，作平等观。夫若然者，且不知耳目之所宜，而游心乎德之和。二门不二，则不为耳目所瞒，而情与无情，焕然等现矣。物视其所一，而不见其所丧。差别即平等，何得丧之有。视丧其足，犹遗土也。"内四大与外四大，无二无别，善忘我者也。

常季曰："彼为己，言其专为修己。以其知，得其心。以六识观照，而得八识现量。以其心，得其常心。超八识现量，而显常住真心。物何为最之哉！"彼但修己，无益于人，人何为尊崇如此耶？

常季只悟王骀之体，不悟即体之用，故劳仲尼委示也。

仲尼曰："人莫鉴于流水，流动之水，不能鉴物。而鉴于止水。止水澄清，方能鉴之。**唯止，能止众止。**就俗谛言之，一家仁，一国兴仁；一家让，一国兴让。就真谛言之，一人发真归元，十方虚空，尽皆消殒。均同此意。以下文势，分宾主四科。**受命于地，唯松柏独也在，冬夏青青；**引植物为喻，谓之宾中宾。**受命于天，唯舜独也正，幸能正生，以正众生。**引古圣作证，谓之宾中主。**夫保始之徵，**彻证心元，妄想不起。**不惧之实。**一切无畏，魔不能挠。**勇士一人，雄入于九军。将求名而能自要者，而犹若是。**"保始"二语，既为王骀写影，而忽插入勇士一喻，所以谓之主中宾。**而况官天地，**官者，主宰也，即先天而天勿违者也。**府万物，**府者，囊括也。心月孤悬，光吞万象。**直寓六骸，**应身人世，直寄寓耳。六骸者，头身二手二足也。**象耳目，**在目为见，在耳为闻，人所共知。而胜义根，非人所知也。**一知之所知，**证无分别心，而有分别用。**而心未尝死者乎！**本自无生，何死之有。《金刚经》"应无所住而生其心"，亦同此义。此段方是主中主，二十七字，作一句读。**彼且择日而登假，**言其不久当入涅槃。**人则从是也。**人之从游者，以其妙用无形，随根普益耳。**彼且何肯以物为事乎？"**王骀自他两忘，不住有为，不住无为，何尝有教人之意，存乎其心耶？

此文出于庄周之手，称王骀盛德，由常季发问，而仲尼答之。究竟王骀有无其人，而常季、仲尼有无其言耶？皆不必问也。以慧眼观之，庄周者幻化人也，王骀、常季、仲尼，幻中之幻者也。乃至三界四生六道，无一而非幻也。

幻化之中，有知幻者，知幻即离，离幻即觉。觉则非幻乎？曰：否也。经云：若有一法过于涅槃，我亦说为如幻如化。然则如之何而可也？曰：不起妄计而已矣。

太史公作《项羽本记》，述战时之言行，太史公亲见之而亲闻之乎？抑从他人传闻而笔之于书乎？谁得而究诘也。一切唯心造，一言足以概之矣。古今人同此心也。此心之妙，同而别，别而同者也。今人展阅此书，有庄周出现，又有王骀、常季、仲尼同时出现。仲尼之言、王骀之德毕现于心镜中。一真法界，主伴交参，妙旨泠然，非今非古。谁谓参访知识，须历百城烟水也。

女偶论道 大宗师

南伯子葵 葵心向日，表慕道之诚也。 问乎女偶曰："子之年长矣，而色若孺子，何也？"曰："吾闻道矣。"南伯子葵曰："道可得学耶？"曰："恶！恶可！子非其人也。时节未至。 夫卜梁倚有圣人之才，而无圣人之道。我有圣人之道，而无圣人之才。吾欲以教之，庶几其果为圣人乎！不然，以圣人之道，告圣人之才，亦易矣。吾犹守而告之， 虽得上根，犹不轻授，慎之又慎，其道始尊。 三日而后能外天下。 人在天下，犹牢笼也。外天下，则脱牢笼矣。 已外天下矣，吾又守之，七日而后能外物。 《阴符经》云："心生于物，死于物。"既能外物，则心不随物转矣。 已外物矣，吾又守之，九日而后能外生。 人之所最重者莫如生，既能外生，则无一法可当情矣。 已外生矣，而后能朝彻。 长夜漫漫，忽然天晓。 朝彻，而后能见独。 灵光独耀，迥脱根尘。 见独，而后能无古今。 妄念迁流，方有古今之异。既能见独，则妄念全消，过未现在，不出当念，遂能长劫入短劫，短劫入长劫，延促自由，岂有古往今来之定相耶？ 无古今，而后能入于不死不生。 古今迁流，方有死生去来之相。今证一刹那际三昧，时量全消。迷者妄见生死，实无生死；悟者本无生死，示现生死。所谓生死涅槃，二俱平等，方是不死不生之义也。**杀生者不死，生生者不生。**即用明体，以释不死不生之义。道之真体，具杀生、生生二用，所以证其不死不生也。禅宗谓之杀活自在。**其为物，**即指道体。**无不将也，**一入一切。**无不迎也，**一摄一切。上文外天下、外物、外生，皆是不将不迎，此文反之，为无不将无不迎。**无不毁也，**一坏一切坏，应上文杀生者不死。**无不成也。**一成一切成，应上文生生者不生。**其名为撄宁。**即将、即迎、即毁、即成，合四句为一"撄"字；朝彻、见独、无古今、不死生，合四句为一"宁"字。前文先宁而后撄，此文先撄而后宁，颠倒妙用，存乎其人，道无定法也。**撄宁也者，撄而后成者也。"**撄者烦扰也，宁者沉静也。两门相反，适以相成。所谓八万尘劳，即解脱相也。

南伯子葵曰："子独恶乎闻之？"曰："闻诸副墨之子，去圣时遥，寻诸简册，可得道意。**副墨之子闻诸洛诵之孙，**进而求之，读诵纯熟，妙义自显。**洛诵之孙闻之瞻明，**见地明彻。**瞻明闻之聂许，**摄念自许。**聂许闻之需役，**拳拳服膺。**需役闻之于讴，**咏叹入神。**于讴闻之玄冥，**万法俱泯。**玄冥闻之参寥，**真空显露。**参寥闻之疑始。"**始觉有始，本觉无始，始觉合本，有始无始，皆不可说。

此章分为两段，前段言卜梁倚依教进修，凡有七层。前三层渐修渐证，自"朝彻"以下，势如破竹，一时顿证，以显真体。"其为物"以下，将、迎、毁、成四句，一切普应，以彰妙用。体用具足，乃以"撄宁"二字收之。

后段女偊自叙闻道，凡有九层。前二层闻慧，次二层思慧，次二层修慧，后三层证道，是之谓九转功成也。此九层，皆以"闻"字贯篆到底，但取文便，其实后之三层，言说不到，思虑不及，岂耳根所能领耶？

谋报浑沌_{应帝王}

南海之帝为倏，北海之帝为忽，中央之帝为浑沌。倏与忽时相与遇于浑沌之地，浑沌待之甚善。倏与忽谋报浑沌之德，曰："人皆有七窍，以视听食息，此独无有，当试凿之。"日凿一窍，七日而浑沌死。此章在内篇之末。

倏、忽，六、七识生灭心也；浑沌，八识含藏心也。浑沌无知，为倏忽所凿而死。浑沌虽死，其性不死，随倏忽转，而冥熏倏忽，生其悔过之心。遂谋所以生浑沌者，时相谓曰：浑沌德我，今亡浑沌矣，为之奈何？旦夕推求浑沌之性而培植之。久之而浑沌复苏，曩之无知者，转而为精明之体矣。于是倏忽奉为宗主，听其使令，非但分化于南北，抑且并八方上下而统治之。浑沌改名为大圆镜，倏名妙观察，忽名平等性，与倏忽为侣者，皆名成所作。四智菩提，圆彰法界。《南华》之能事毕矣。

以无始无明，称为浑沌。既是浑沌，必有倏忽；既有倏忽，必至凿窍。后之解者，但恶其凿，意谓不凿，则天性完全。岂知纵不被凿，亦是暗钝无明，不能显出全体大用也。庄生决不以浑沌为道妙，有他文可证。此章说到迷妄极处而止，未说返流归真之道，留待后人自悟。奈何二千年来，幽关未辟，故为揭而出之，以饷知言君子。

篇末之浑沌，即首章之鲲鱼也。鲲喻大心凡夫，在冥海中长养圣胎，一变而证大果。浑沌喻毛道众生，莫不被凿而死。庄生哀世人之沉沦，而以此章结之，其无尽大悲，可想见矣。

象罔得珠_{天地}

黄帝游乎赤水之北，登乎昆仑之丘而南望，还归，遗其玄珠。使知索之而不得，使离朱索之而不得，使吃诟索之而不得也。乃使象罔，象罔得之。黄帝曰："异哉！象罔乃可以得之乎！"

赤水，浑浊污秽之至也，游乎其北，举目无可乐之境也。昆仑，峻岩危险之处也，登乎其丘，置身可畏之地也。一念回光，始知玄珠已失矣。虽然，未尝失也。知，善于用心者也；离朱，明察秋毫者也；吃诟，辞辩纵横者也。皆不能得，计已穷矣！乃使象罔，虽使而无所使也。象罔得之，得其本有也。黄帝叹异一语，意味深长，百世之下，令人闻之而心折也。

世之所贵_{天道}

世之所贵道者，书也。书不过语，语有贵也，语之所贵者意也。意有所随，意之所随者，不可以言传也。而世因贵言传书，世虽贵之哉，犹不足贵也，为其贵非其贵也。故视而可见者，形与色也；听而可闻者，名与声也。悲夫！世人以形色名声为足以得彼之情。夫形色名声，果不足以得彼之情，则知者不言，言者不知，而世岂识之哉？

此章为执著文字者下针砭。今进一解，为扫除文字者下针砭。古圣遗言，如标月指。执指固不能见月，去指又何能见月。庄子恐人认指为月，不求见月，故作此论。令全书文字，如神龙变化，若有若无。犹释典中之有《金刚经》，能令一代时教飞空绝迹也。达摩西来，不立文字，直指人心，见性成佛。当时利根上智，得其旨趣者，固不乏人。而数百年后，依草附木之流，正眼未开，辄以宗师自命。邪正不分，浅深莫辨，反不若研求教典之为得也。

盖书之可贵者，能传先圣之道至于千百世，令后人一展卷间，如觐明师，如得益友。若废弃书籍，师心自用，不至逃坑落堑不止也。下文轮扁答桓公之言曰："君所读者，古人之糟粕。"试反之曰："予所读者，古人之英华。"有何不可？

天门庚桑楚

出无本，入无窍。无本，则无所出；无窍，则无所入。而云出入者，皆假名耳。有实而无乎处，实者，实际也。处者，方域也。既有实，宜有处。而无处者，方之妙也。有长而无乎本剽。长者，久长也。本剽者，本末也。既有长，宜有本剽。而无本剽，时之妙也。有所出而无窍者，有实。此句束"出入"二句，互为影略。吕氏谓有缺文，宣氏谓是衍文，皆非也。因有出有入，所以证其实有。有实而无乎处者，宇也。宇者，上下四方也。既无处矣，何得名宇？乃知宇者，唯心之方，非妄计之方也。有长而无本剽者，宙也。宙者，往古来今也。既无本剽，何得名宙？乃知宙者，唯心之时，非妄计之时也。有乎生，有乎死，有乎出，有乎入。生死出入，非有而有，即空之有也。

入出而无见其形，是谓天门。无形可见，而有出入，何以名之，名为天门。天门者，无有也。剋实而言，唯是真空。万物出乎无有。从真空，现妙有。有不能以有为有，必出乎无有。重申上义。而无有一无有，此即重空，亦名空空，亦名大空，亦名究竟空，亦名第一义空。圣人藏乎是。即是圣人放舍身命处。

此章语语超越常情，显示空如来藏也。世出世法，皆以真空为本，强名之为天门。天者，空无所有也；门者，万物所由出也。既以有无二端互相显发，而仍结归甚深空义，恰合般若旨趣。

七大徐无鬼

知大一，知大阴，知大目，知大均，知大方，知大信，知大定，至矣。知此七大，蔑以加矣。上举七大名，下述七大用。大一通之，体则无二，用乃万殊。大阴解之，寂灭大海，究竟解脱。大目视之，正法眼藏，彻见本源。大均缘之，平等一如，普缘十界。大方体之，无边刹土，不出自心。大信稽之，因果历然，纤毫不爽。大定持之。本来无动，不持而持。

尽有天，业识消亡，天真独露。循有照，随顺群有，智照无遗。冥有枢，得其环中，以应无穷。始有彼。有始则有彼，自他宛然；无始则无彼，自他双泯。则其解之也，似不解之者；其知之也，似不知之也。圣解非同凡解，真知异于妄知。不知，而后知之。禅宗所谓髑髅无识眼初明者是也。其问之也，不可以有崖，而不可以无崖。此诚学人发问，不可堕有无二边也。盖有则堕增益过，无则堕损减过。若欲免此二过，心计亦有亦无，则堕相违过；又计非有非无，则堕戏论过。离此四过，方可问道。**颉滑有实**，颉滑者，不可捉摸也。虽不可捉摸，而又非虚无，则超断常二见矣。**古今不代**，古未尝往，今未尝来。见有时代迁流者，皆妄情耳。**而不可以亏。**既无往来，何亏之有？**则可不谓有大扬榷乎？**具宣七大，故名大扬榷。权小之机，岂能领会？

阖不亦问是已，奚惑然为？何不研究此道，而徒自迷惑，汩没于三有之海耶？**以不惑解惑，**修也。**复于不惑，**证也。**是尚大不惑。**造极也。此三句谓以不惑之理，解瞑眩之惑，以复其本性之不惑，然后进而至于大不惑，则契于道矣。

此章历举七大，陆氏谓其名目皆庄子所自命，而不知其与佛经暗合也。众生流转，由起惑而造业，由造业而受苦，故以起惑为病源。佛经说有三惑，一曰见思，粗惑也；二曰尘沙，细惑也；三曰无明，根本惑也。起时由细而粗，灭时由粗而细。无明贯于本末。此文断惑次第有三层，至大不惑，则无明破尽，永脱轮回矣。

得其环中 则阳

冉相氏古之圣君。**得其环中，**自证之道，如禅宗一圆相。**以随成**随众生机而成就之。**与物。**真俗圆融。**无终无始，**始或为终，终或为始。**无几无时。**几心尽息，时量全消。以上四无，环中之妙也。**日与物化者，一不化者也。**恒顺众生，与之俱化，而自无化相可得，此即随物曲成也。**阖尝舍之！**慈心济世，何肯舍弃众生，而自求安乐耶？以上述冉相氏之德。

夫师天而不得师天，与物皆殉。此言世人不达真理，错乱修习，虽欲师天，不知"天法道，道法自然"，而以为有天可师，则与殉物何异。其以为事也，若之何？以此为事，何能合道？反诘之语，映起下文。夫圣人，超越常情。未始有天，未始有人，未始有始，未始有物。四者皆无，空之极也。既言未始有天，可知非师天者，乃先天之圣人，得环中之体者也。与世偕行而不替，虽证真空，而不绝世缘。偕行者，同事摄也。不替者，不休息也。所行之备而不洫。万行备修，而不混滥。洫者，滥也。以上二语，得随成之用。其合之也若之何？如此行道，方顺正轨。反诘语，映带上文。

汤得其司御门尹登恒为之傅之。又引成汤得贤臣为之辅弼，方能行圣人之道。从师而不囿，虽以贤臣为师，而不为师所囿。得其随成。与冉相氏无异也。为之司其名，无为而治，虽居君位，但虚名耳。之名嬴法。此名不过嬴余之法，无关大要。得其两见。要在得两见耳。实智见真谛，性空也；权智见俗谛，假有也。得此两见，方能治天下。仲尼之尽虑，为之傅之。又引仲尼与汤相形。汤为人君，以贤臣为傅；仲尼为人师，以己之尽虑为傅。尽虑者，虑至极尽处也，见无不彻，智无不周，即以传师道之，传于万世耳。此虑非凡夫六识妄缘，乃自性所起妙观察智耳。

容成氏曰：引古圣之言，以结上文之意。"除日无岁，破时量也。积日而成岁，除日则无岁矣。积刹那而成日，除刹那则无日矣。刹那者，时之极促，无时量之可得也。证刹那际三昧者，延一念为无量劫，促无量劫为一念，过未入现在，现在入过未。即冉相氏"无终无始，无几无时"，莫不由此道也。无内无外。"破方量也。自外观之，以内为小。小之内更有小焉，小而不可极，则归于无内而已。自内观之，以外为大。大之外更有大焉，大而不可尽，则归于无外而已。内外消融，遂能小中见大，大中见小。一尘遍法界，法界入一尘。何方量之有？即圣人之"非天、非人、非始、非物"，莫不由此道也。

此章显示行菩萨道之正轨也。发大乘心者，以第一义空为本。冉相氏既得此理，入俗利生，不转而转，转而不转，诚为无上至德，不可以常情测度也。次则举下凡妄修，以启上圣真修，彻证真空，而不舍度生之业。又举成汤、仲尼，以明君师之别。然后引容成氏二语结之。二语之义，竖穷三际，横亘十方。前文"环中""随成""不化""尽虑"种种法门，摄无不尽矣。

得意忘言_{外物}

筌者，所以在鱼，得鱼而忘筌；蹄者，所以在兔，得兔而忘蹄；言者，所以在意，得意而忘言。吾安得夫忘言之人，而与之言哉！

筌者，鱼笱也。蹄者，兔罝也。因筌而得鱼，因蹄而得兔。鱼兔既得，筌蹄可舍。后人不达此意，竟欲舍筌蹄而求鱼兔，鱼兔何由可得耶？章末二语，神韵悠然。《天道篇》内"世之所贵"一章，专主离言；此章先即后离，以救其弊。《维摩经》云："言说文字，皆解脱相。"则非即非离，更进一层矣。

附录

佛教初学课本

《释教三字经》者,明季吹万老人效世俗训蒙之书而作也,敏修长老为之注释,流传二百余年矣。顷者,普陀印光法师从而新之,正文改十之三,注释改十之七,原本编为两排者,改而为一排。考据精详,文辞圆润,超胜旧作。而题名之处,不将重订者列于其次,可谓坦然忘我者矣。予不揣固陋,率尔改作,与新旧两本,迥不相同。事略而法备,言简而义周。人有劝予易其名者,因名之为《佛教初学课本》云。

【法界】

无始终,无内外。强立名,为法界。

法界性,即法身。因不觉,号无明。

空色现,情器分。三世间,从此生。

迷则凡,悟则圣。真如体,须亲证。

【释迦佛生】

证者谁,释迦尊。大悲愿,示诞生。

处王宫,求出离。夜逾城,人不知。

入雪山,修苦行。六年间,习寂定。

从定起，出山来。坐树下，心镜开。

天龙喜，魔胆落。睹明星，成正觉。

启大教，说《华严》，尘刹海，现宝莲。

悯凡愚，不能听，隐尊特，显劣应。

说《阿含》，第二时，四谛法，接小机。

证四果，出生灭。演《方等》，破法执。

第四时，谈《般若》。二乘转，教菩萨。

开显圆，《法华》会。学无学，得授记。

《涅槃经》，最后说。显真常，扶戒律。

五时教，如是说，亦融通，亦分别。

化道圆，归真际，双树间，吉祥逝。

阇毗后，分舍利。阿育王，变古制。

碎宝末，造浮图。役鬼神，遍阎浮。

优填王，始造像，令后人，修供养。

【结集三藏】

大迦叶，命阿难，结集经，石窟间。

修多罗，是经藏。毗奈耶，是律藏。

阿毗昙，是论藏。正法隆，外道丧。

藏分三，部十二。遇有缘，作佛事。

【大法东来】

汉明帝，梦金人。求圣教，遣蔡愔。

腾、兰来，经像至。初译经，《四十二》。

道教徒，兴恶念，请焚经，为试验。

道经毁，佛经全，光炽盛，耀人天。

善男女，皆生信，求出家，期现证。

建十寺，安僧尼。三宝备，始于兹。

【十宗】

溯源流，知宗派。宗有十，分大小。

【成实宗】

成实宗，六代盛，《高僧传》，可为证。

【俱舍宗】

俱舍宗，陈至唐，五代后，渐微茫。

此二宗，是小乘。律小大，七大乘。

【禅宗】

传心印，为禅宗。佛拈花，迦叶通。

授阿难，为二祖。次第承，皆可数。

第十二，号马鸣，造《起信》，大乘兴。

十四祖，名龙树，入龙宫，《华严》遇。

传世间，法雨树。造诸论，施甘露。

廿八祖，达摩尊，来东土，示性真。

离文字，要亲证。有慧可，得心印。

传僧璨，为三祖。《信心铭》，超今古。

第四祖，名道信，知无缚，解脱竟。

五祖忍，居黄梅，东山上，道场恢。

第六祖，名慧能，传衣钵，道大行。

六祖下，二禅师，南岳让，青原思。

南岳下，一马驹，踏杀人，遍寰区。

青原下，一石头，石头路，滑似油。

分五家，派各别。临济宗，行棒喝。

玄要分，宾主别，人与境，夺不夺。

沩仰宗，示圆相，暗机投，义海畅。

曹洞宗，传宝镜，定君臣，行正令。

云门宗，顾鉴咦，一字关，透者希。

法眼宗，明六相，禅与教，无两样。

【律宗】

既明宗，须知律。持五戒，本乃立。

为沙弥，持十戒。比丘僧，具足戒。

戒二百，又五十。尼增百，戒始足。

《梵网》戒，制菩萨，重有十，轻四八。

律门祖，优波离，承佛印，肃清规。

先束身，次摄心，得圆通，证道深。

唐道宣，精毗尼，大小乘，咸总持。

宋元照，继其后，著述多，善分剖。

既明律，须研教，辨权实，判大小。

【天台宗】

北齐朝，有慧文，读《中论》，得其精。

祖龙树，立三观，空假中，归一贯。

传弟子，南岳思，止观法，万世师。

第三世，有智者，演教观，判高下。

藏与通，别与圆，此四教，至今传。

谈性具，善恶兼，百界如，有三千。

此一派，号天台，宗《法华》，佛慧开。

【贤首宗】

《华严经》，最尊胜，初传来，在东晋。

杜顺师，是文殊，阐《华严》，盘走珠。

第一传，得智俨，作《搜玄》，记十卷。

第二传，是贤首，《探玄记》，世稀有。

清凉疏，释新经，并作钞，博而精。

小与始，终与顿，至于圆，五教振。

四法界，十玄门，暨六相，义最纯。

因该果，果彻因，摄万法，归一真。

圭峰密，疏《圆觉》，《大钞》祥，《小钞》略。

此一派，贤首宗，亦行布，亦圆通。

【慈恩宗】

唐玄奘，游西域，学《瑜伽》，祖弥勒。

依戒贤，大论师，亲传授，历年时。

归长安，传窥基，通因明，善三支。

《成唯识》，作《述记》，破邪宗，伸正义。

有现量，有比量，究竟依，圣教量。

徧计执，依他性，二者离，圆成证。

此一宗，号慈恩，先谈相，后显真。

【三论宗】

三论宗，传最古。秦罗什，来兹土。

真空义，为第一。群弟子，竞传习。

曰《中论》，曰《百论》，《十二门》，为三论。

唐吉藏，施大功，三论疏，传海东。

法藏释，《十二门》，《宗致记》，至今存。

【密宗】

善无畏，至长安。唐一行，受真传。

作疏释，《大日经》。真言教，始得明。

114

金刚智，及不空，接踵来，广流通。

灌顶法，不轻授。非法器，转获咎。

立禁令，自明始。秘密宗，敕停止。

【净土宗】

晋慧远，住匡庐，结莲社，德不孤。

魏昙鸾，修妙观，生品高，瑞相现。

唐道绰，暨善导，唱专修，为妙道。

此法门，三经说。《大经》该，《小经》切。

《观经》语，最惊人，许五逆，得往生。

三藏教，所不摄，佛愿力，诚难测。

一称名，众罪灭，临终时，佛来接。

下中上，根不齐，一句佛，同生西。

既生西，皆不退，亲见佛，得授记。

净土宗，真简要，协时机，妙中妙。

【忏法】

上十宗，已说完。忏悔法，更须探。

《慈悲忏》，何人集？志公等，高僧十。

梁武帝，心至诚，度故妻，脱蟒形。

唐悟达，有夙业，人面疮，生于膝。

遇神僧，为洗冤，三昧水，浇即痊。

作《水忏》，后世传。如法行，利无边。

【诸法】

为学者，须知法，染与净，善分别。

【五蕴】

色受想，并行识，此五蕴，本空寂。

【六根】

眼耳鼻，舌身意，此六根，应须记。

【六尘】

色声香，味触法，此六尘，亦须识。

【十二处】

前六根，与六尘，十二处，常相亲。

【十八界】

根尘接，有六识，十八界，从此立。

【转八识成四智】

末那识，为第七。阿赖耶，第八识。

八种识，为心王。转成智，性发光。

大圆镜，平等性，妙观察，成所作。

此四智，一心圆。八识转，体用全。

【三身】

曰法身，曰报身，曰应身，是三身。

自受用，他受用，一报身，说二用。

胎生身，变化身，此二种，皆应身。

约为三，开为五，相无定，随机睹。

【五眼】

有肉眼，有天眼，有慧眼，有法眼，

并佛眼，名五眼。见所见，皆无限。

【六通】

天眼通，天耳通，他心通，宿命通，

神境通，漏尽通。圣与凡，各不同。

【四谛】

曰苦集，曰灭道，四谛法，须寻讨。

【十二因缘】

自无明，至老死，十二因，为缘起。

顺流转，逆还灭。当处空，无分别。

【六度】

布施度，持戒度，忍辱度，精进度，

禅定度，智慧度。自他苦，从此度。

【四无量心】

慈与悲，喜与舍，四无量，称圣者。

【涅槃四德】

曰常乐，曰我净，此四德，涅槃证。

【十界】

有情界，说六凡。三途苦，须先论。

曰地狱，曰饿鬼，曰畜生，苦无比。

曰天道，曰人道，曰修罗，乐事少。

曰声闻，曰缘觉，取灭度，为独乐。

曰菩萨，曰如来，抚众生，如婴孩。

此四圣，并六凡，为十界，一性含。

【器世间】

既论身，须论土。土为依，身为主。

四大洲，共铁围，七金山，绕须弥。

为大地，风力持。水火金，不相离。

水轮含，十方界，性流动，如何载？

业力持，得自在。风金摩，火现彩。

庵摩果，比阎浮。果体圆，圆如球。

彼上下，与四周，人与物，如何留？

《楞严经》，秘密说。善会通，不可执。

日与月，绕虚空，不堕落，谁之功？

有过去，有现在，有未来，三世改。

南与北，西与东，并四维，上下通。

观十方，人在中。人居地，地居空。

数此地，至大千。凡圣居，各有缘。

同居土，方便土，实报土，寂光土。

分四土，自台教。前二粗，后二妙。

法性土，净化土，染化土，分三土。

贤首教，如是说。从本源，生枝节。

娑婆界，极乐界，华藏界，及余界。

界非界，非界界。重重涉，各无碍。

【劝学】

学佛者，首在信。信而解，解而行。

由解行，至于证。识次第，辨邪正。

宗说通，理事融。破我执，第一功。

四句离，百非遣。妄念消，真性显。

【叙述古德】

古之人，行履笃，言不诳，心不曲。

守清素，如慧开，竭尽施，不积财。

自洁者，如道林，入深山，远女人。

尊师者，如道安，服苦役，心自甘。

孝亲者，如道丕，为养母，自忍饥。

父捐躯，为报国。丕苦求，骨跃出。

118

高尚者，如道恒，避荣命，入山深。

感应者，如道生，石点头，听讲经。

求通经，如灵辨，骨肉穿，妙义显。

冲举者，尼净检，凌霄去，身冉冉。

神解者，李通玄，《华严论》，千古传。

机捷者，灵照女，老庞公，徒延伫。

举十德，励初学。依此修，成正觉。

【余韵】

三字偈，随分说，如风过，万籁歇。

非有言，非无言，会此意，是真诠。

十宗略说

长白如冠九年伯作《八宗二行》，自书条幅，刻于武林。予欲附入《禅门日诵》之末而未果。顷见日本凝然上人所著《八宗纲要》，引证详明，而非初学所能领会。因不揣固陋，重作《十宗略说》，求其简而易晓也。以前之九宗分摄群机，以后之一宗普摄群机。随修何法，皆作净土资粮，则九宗入一宗。生净土后，门门皆得圆证，则一宗入九宗。融通无碍，涉入交参。学者慎勿入主出奴，互相颉颃也。

律宗—名南山宗。有另立头陀行者，此宗所摄

佛住世时，以佛为师；佛灭度后，以戒为师。戒有大小乘之别。大乘则宗《梵网》《戒本》等，小乘则宗《十诵》《四分》等。大则七众同遵，小则专制出家。以出家为住世僧伽，非严净毗尼，无以起人天皈敬也。唐道宣律师盛弘此宗，著述甚富，时人称为南山宗。近代华宝山三昧律师，专以此法轨范僧徒，师资相传，代有闻人。夫戒、定、慧三学，次第相须，未有不持戒而能骤得定、慧者。而学者往往置之，何也？盖律学检束身心，持

之者违背凡情，随顺圣道。不持者违背圣道，随顺凡情，安见其脱生死关，断轮回路耶？《楞严经》中，优波离尊者云："我以执身，身得自在。次第执心，心得通达。然后身心一切通利，斯为第一。"后之学者，其以是为法焉可！

俱舍宗—名有宗

世亲菩萨造《俱舍论》，在声闻对法藏内最为精妙，专弘有宗，源出《毗婆沙论》。陈·真谛三藏译出，并作疏释之，佚失不传。唐·玄奘法师重译，三十卷。门人普光作《记》，法宝作《疏》，大为阐扬。当时传习，有专门名家者，遂立为一宗焉。后来通方大士，莫不详览。及至今日，则无人问津矣。窃以大、小二乘，不可偏废。如此妙典，岂可终秘琅函耶？有志之士，其亦措心焉可耳！

成实宗

《成实论》译于姚秦·罗什三藏。其中具明二空，立二种观。谓空观、无我观。有二十七贤圣以摄阶位，于小乘中，尤为优长。六朝名德，专习者众，别为一宗。至唐而渐衰，后世则无闻焉。夫古人崇尚之典，必有可观。好学英贤，试取而阅之，亦知一家门径也。

三论宗—名性空宗

《中论》《百论》《十二门论》，是为三论。破外道、小乘，以无所得为究竟，正合般若真空之旨，故亦名为性空宗。文殊师利为初祖，马鸣、龙树、清辨等菩萨继之。鸠摩罗什至秦，盛弘此道，一时学者宗之，生、肇、融、睿并肩相承。生公门下昙济大师，辗转传持，以至唐之吉藏，专以此宗提振学徒。三论之旨，于斯为盛。天台亦提《中论》。其教广行于世，而习三论者鲜矣！吉藏有《疏》若干卷，今从日本传来，或者此宗其再兴乎！

天台宗—名法华宗

陈、隋间，智者大师居天台山，后人因以山名宗，称为山家。盖自北齐·慧文禅师悟龙树之旨，以授南岳慧思。思传之智者，而其道大显。以五时八教，判释东流一代圣教，罄无不尽。正宗《法华》，旁及余经。建立三止、三观、六即、十乘等法，为后学津梁。其著述有三大、五小等部，辗转演畅，不可具述。智者大师亲证法华三昧，见灵山一会俨然未散。其说法之妙，从旋陀罗尼流出，无有穷尽。人问其位居何等，乃曰："圆五品耳。"临舍寿时，念佛生西。可见佛果超胜，非思议所及，才登五品，已不能测其高深，而犹以西方为归。世之我慢贡高、不学无术者，其亦稍知愧乎！

贤首宗—名华严宗

《华严》为经中之王，秘于龙宫。龙树菩萨乘神通力诵出略本，流传人间。有唐·杜顺和尚者，文殊师利化身也，依经立观，是为初祖。继其道者，云华智俨、贤首法藏，以至清凉澄观而纲目备举。于是四法界、十玄门、六相、五教，经纬于疏钞之海，而《华严》奥义，如日丽中天，有目共睹矣！后之学者，欲入此不思议法界，于诸祖撰述，宜尽心焉！

慈恩宗—名法相宗。奘师虽生兜率，不别立宗。其徒著述，仍以极乐为胜也

天竺有性、相二宗。性宗即是前之三论，相宗则从《楞伽》《深密》《密严》等经流出，有《瑜伽》《显扬》诸论。而其文约义丰，莫妙于《成唯识论》也。以弥勒为初祖，无著、天亲、护法等菩萨相继弘扬。唐之玄奘，至中印度就学于戒贤论师，精通其法，归国译传，是为慈恩宗。窥基、慧沼、智周次第相承。论疏流传日本，今始取回。宋以后提倡者渐希，至明季而大振，著述甚富，皆有可观。此宗以五位百法，摄一切教门，立三支比量，摧邪显正，远离依他及遍计执，证入圆成实性，诚末法救弊之良药也！参禅习教之士，苟研究此道而有得焉，自不至颟顸佛性，笼统真如，为法门之大幸矣！

禅宗—名心宗

达摩西来，不立文字，直指人心，见性成佛。历代相传，人皆称为禅宗。其实非五度之禅，乃第六般若波罗密也。观六祖盛谈般若者，则可见矣！自释迦如来付嘱迦叶为第一祖，二十八传而至菩提达摩，为东土初祖。又六传而至慧能，适符"衣止不传，法周沙界"之记。厥后五家鼎盛，各立纲宗。临济则提三玄三要，曹洞则传五位君臣，以至沩仰之九十六圆相，云门之三句，法眼之六相。门径虽殊，其剿绝情识，彻证心源，无有异也。

尝考古今参学之徒，开悟有难易，证契有浅深。其言下便彻，立绍祖位者，法身大士随机应现也。如临济遭三顿痛棒，及见大愚而后悟者，大心凡夫之榜样也。自宋、元至今，莫不穷参力究，经年累月，不顾身命，始得契人者，根器微小故也。或疑禅宗一超直入，与佛祖同一鼻孔出气，无生死可断，无涅槃可证，何有浅深之别？不知此宗不立阶级，的是顿门。以夙因言之，不无差降。浅深属人，非属法也。慨自江河日下，后后逊于前前。即有真参实悟者，已不能如古德之精纯。何况杜撰禅和，于光影门头稍得佳境，即以宗师自命，认贼为子，自误误人。岂惟浅深不同，亦乃真伪杂出。盖他宗依经建立，规矩准绳不容假借。惟禅宗绝迹空行，纵横排荡，莫可捉摸。故黠慧者窃其言句而转换之，粗鲁者仿其规模而强效之。安得大权菩萨乘愿再来，一振颓风也哉！

密宗—名真言宗

如来灭后七百年时，龙猛菩萨开南天竺铁塔，遇金刚萨埵，受职灌顶，秘密法门，方传于世。金刚萨埵亲承大日如来，即毗卢遮那佛也。龙猛授之龙智。唐初善无畏三藏东来，是为此方初祖。又有金刚智、不空及一行、惠果，皆系金刚阿阇黎，大阐密教。此宗以《毗卢遮那成佛经》《金刚顶经》等为依；立十住心，统摄诸教；建立曼荼罗，三密相应，即凡成圣。其不思议力用，惟佛能知，非因位所能测度。至于祈雨、治病等法，其小焉者耳。然此法门，非从金刚阿阇黎传受，不得入坛行道。此方久已失传。惠果之道行于日本，至今不绝。西藏喇嘛亦崇密乘。今时学者但持诵《准提》《大悲》等咒，至心诚恳，亦得密益。欲知其中奥妙，须阅《〈大日经〉疏释》及《显密圆通》《大藏秘要》等便悉。

净土宗—名莲宗。有立般舟行者，此宗所摄

以果地觉，为因地心，此念佛往生一门，为圆顿教中之捷径也。四生六道蒙佛接引，与上位菩萨同登不退。非佛口亲宣，谁能信之？既信他力，复尽自力，万修万人去矣！《华严经》末，普贤以十大愿王导归极乐，故净土宗应以普贤为初祖也。厥后马鸣大士造《起信论》，亦以极乐为归。龙树菩萨作《十住》《智度》等论，指归净土者，不一而足。东土则以远公为初祖，其昙鸾、道绰、善导三师次第相承。宋之永明，明之莲池，其尤著者也。

以念佛明心地，与他宗无异；以念佛生净土，惟此宗独别。古德云"生则决定生，去则实不去"者，一往之辞，夺境不夺人也。应作四句料拣：如云："去则决定去，生则实不生"者，夺人不夺境也；"去则实不去，生亦实不生"者，人境俱夺也；"去则决定去，生则决定生"者，人境俱不夺也。依净土三经及天亲《论》，应以人境俱不夺为宗，方合往生二字之义。后人喜提唯心净土、自性弥陀之说，拨置西方弥陀，以谓心外取法，欲玄妙而反浅陋矣！岂知心外无境，境外无心，应现无方，自他不二。现娑婆而颠倒轮回，汩没于四生六道之中；现极乐而清凉自在，解脱于三贤十圣之表。彼修唯心净土者，直须证法性身，方能住法性土，非入正定聚登初住位不可。其或未然，仍不免隔阴之迷，随业轮转耳。此宗以观想持名兼修为上，否则专主持名，但须信愿切至，亦得往生也。

出世三学，以持戒为本，故首标律宗。佛转法轮，先度声闻，故次之以小乘二宗。东土学者，罗什之徒首称兴盛，故次以三论宗。建立教观，天台方备，贤首阐《华严》，慈恩弘法相，传习至今，称为教下三家。拈花一脉，教外别传；灌顶一宗，金刚密授，故列于三家之后。以上各宗，专修一门，皆能证道。但根有利纯，学有浅深。其未出生死者，亟须念佛生西，以防退堕；即已登不退者，正好面觐弥陀，亲承法印，故以净土终焉。

杨仁山居士传

欧阳渐

　　清末，杨仁山居士讲究竟学，深佛法，于佛法中有十大功德：一者，学问之规模弘扩；二者，创刻书本全藏；三者，搜集古德逸书；四者，为雕塑学画刻佛像；五者，提倡办僧学校；六者，提倡弘法于印度；七者，创居士道场；八者，舍女为尼，孙女、外甥女独身不嫁；九者，舍金陵刻经处于十方；十者，舍科学伎艺之能，而全力于佛事，菩萨于五明求，岂不然哉！

　　此土思想，涵盖浑融，善而用之，登峰造极，故曰中土多大乘根器；其不善用，则凌驾颠顶，毫厘千里，亦足伤慧命之源。北魏菩提流支重译《楞伽》，大异宋译，译籍虽多，岐义屡见，于是《起信论》出，独帜法坛，支离儱侗之害，千有余年，至今不熄。盖《起信》之谬，在立真如门，而不立证智门，违二转依。《般若》说：与生灭合者为菩提，不与生灭合者为涅槃；而《起信》说：不生不灭与生灭合者为阿梨耶识。《瑜伽》：熏习是识用边事，非寂灭边事；而《起信》说：无明、真如互相熏习。贤首、天台欲成法界一乘之勋，而义根《起信》，反窃据于外魔，盖体性智用，樊乱淆然。乌乎正法？乘教何分而教网设阱，都谈一乘，胡薄涅槃，天台过也；不明增上皆一合相，圆顿奚殊，袭四而五，贤首过也。奘师西返，《瑜伽》《唯识》日丽中天，一切霾阴荡涤殆尽，诚胜缘哉！有规矩准绳，而方圆平直不可胜用，法界一乘建立，自无殒越之殊。独惜后人以唯识不判五法，圆顿甘让《华严》，而一隅自守。职其法义，精审有余；论其法门，实广大不足耳。

仁山居士，学贤首遵《起信论》，刻贤首《起信论义记》及《释摩诃衍论》，而集志福等注以作疏。博求日、韩，得贤首十疏之六，与藏内十余卷，都二十种，汇而刊之曰《贤首法集》。刻《玄文本论》，而详论五位以笼罩一切法门。然其《与桂伯华书》曰：研究因明、唯识期必彻底，为学者楷模，俾不颟顸儱侗，走入外道而不自觉。明末诸老，仗《宗镜录》研唯识，以故《相宗八要》诸多错谬，居士得《唯识述记》而刊之，然后圭臬不遗，奘、基之研讨有路。刻《门论》《百论》等，然后中观之学有籍，而三论之宗复明。尝示修禅，曰离心意识参，曰守当前一念，曰《中峰广录》善，然后禅有彻悟之机而宗门可入。与日人论十念往生，而必发菩提心，然后净土之宗践实。唯居士之规模弘广，故门下多材：谭嗣同善华严，桂柏华善密宗，黎端甫善三论，而唯识法相之学有章太炎、孙少侯、梅撷芸、李证刚、蒯若木、欧阳渐等，亦云夥矣。然其临寂遗嘱，一切法事乃付托于唯识学之欧阳渐，是亦可以见居士心欤！

居士喜奇书，有老尼赠以《金刚》，发逆乱甫定，于皖肆得《起信》《维摩》《楞严》，循环研索，大畅厥心。因而遍觅经论，又卒不一获，于是发愤而起，与王梅叔、魏刚己、曹镜初等谋刻大藏全经。独江都郑学川最切至，厥后出家名妙空，创江北刻经处于扬州砖桥鸡园，而居士创金陵刻经处于南京。居士在英牛津时，与倭人南条文雄善，后仗其力由海外得古德逸书三百种，抉其最善者刻之。而倭印《续藏》，居士亦供给多种。然以为《续藏》芜杂，应区别必刊、可刊、不刊三类而重刻之也。

居士尝谓，刻经事须设居士道场，朝夕丹铅，感发兴致，然后有继以渐而长。昔年同志共举刻事，乍成即歇者为多，虽砖桥刻经不少，而人亡业败，以故设立学会于金陵刻经处，日事讲论不息。今以避难移川，而刻事犹未衰歇者，由是而来也。

居士谓比丘无常识，不通文，须办学校。当时金陵南郊、扬州、常州，皆设僧学，而金陵刻经处办祇洹精舍，僧十一人，居士一人，以梵文为课，以传教印度为的，逾年解散。因询居士何因歇废，居士以无学生答。意以奘师未游印时，《婆沙》诸籍精熟无伦，今欲印游，须研解固有学义，而后法施资粮不匮。今时印通，若谈游印，非仍居士之说无当耳。

居士于事纯任自然，每有水到渠成之妙。尝谓渐曰：牛应贞女梦中读《左传》全部，以志不遂而夭折，此父母不善处之之过也。故于女圆音任其出家，于孙女辈听其独体。辛亥八月十七开护刻经处会，居士问几钟，而曰：吾刻事实落，吾可以去。即右胁而逝，盖自然如此，生死亦自由矣。

居士于事又复能舍。金陵刻经处经营五十年，刻经三千卷，房室数十间，悉举而公诸十方，以分家笔据为据。此犹物质，而精神亦舍。

居士聪慧娴科学，从曾惠敏赴英、法，又复从刘芝田赴伦敦，广有制造，悉售于湘时务学校，而以其资创金陵刻经处。

居士善工程，李鸿章函聘不往，曾国藩密保不就。志在雕塑，先事绘画，成《极乐世界依正庄严图》《灵山法会图》，布列数十人无间隙，雕刻则极其精微，而又一本造像度量，使人观想不误。

居士名文会，字仁山，石埭人。父朴庵，成进士，官部曹。居士二十七失怙，家贫世乱，跣足荷枪从戎，百炼险阻以成器，而一趣于佛事，年七十五而卒。著有《等不等观集》若干卷，《玄文本论略注》四卷，《佛教初学课本》一卷、注一卷，《十宗略说》一卷，《观无量寿略论》一卷，《阐教编》一卷，《阴符》《道德》《南华》《冲虚》四经"发隐"四卷，《论》《孟》"发隐"二卷。子自新、自超、福严，孙庭芬、桂芬、颖芬、智生、缘生、雨生、祥生，曾孙时逢、时中。塔于金陵刻经处，遵居士嘱，经版所在，灵柩所在也。

赞曰：居士有言，末法有七千余年，初分时，经论不昌，安能延此长久？居士初生，母梦古刹有巨瓮，启笠则一朵莲华，殆天生居士，昌大教于初分时耶！元明来，书则有缺，伣伣仳仳以迄清末，居士出而宗风畅。呜呼！岂偶然哉！

杨仁山居士事略

欧阳渐

石埭杨居士文会,生于道光丁酉年十一月十六日丑时。母孙太夫人娠居士时,梦入一古刹,庭有巨瓮,覆以箬笠,启视,则有莲花高出瓮口。旋惊寤。是年居士生。居士父朴庵先生适于是年举于乡,先生因是益钟爱之。明年成进士,授职西部,举家北上。

居士童时示现游戏,条理秩然。九岁南归,十岁受读,甚颖悟。十四能文,雅不喜举子业。唐宋诗词,时一浏览,间与知交结社赋诗为乐。性任侠,稍长,益复练习驰射击刺之术。年十六,夫人苏氏来归。次年,洪杨起事,乡时俶扰,不遑安居。计自朴庵先生以次,老幼几十人,转徙徽、赣、江、浙间,往还十年,屡濒于危。然卒未尝遭险者,居士部署之力也。里居,襄办团练。在徽宁,则佐张小浦中丞、周百禄军门,理军事。跣足荷枪,身先士卒,日夜攻守不倦。论功,则固辞不受。生平好读奇书,流离转徙,舁敝簏贮书以随。凡音韵、历算、天文、舆地,以及黄、老、庄、列,靡不领会。同治元年壬戌,皖省平,由江西迁居安庆。逾年秋,朴庵先生捐馆舍,时居士年二十七,家无担石储,曾文正檄委谷米局。甲子,归葬朴庵公于乡,事毕回省，感时疫，病久。自是厥后　率为居士学道之年矣。

先是，有不知谁何之老尼，授居士《金刚经》一卷。怀归展读，猝难获解，觉甚微妙，什袭藏弄。嗣于皖省书肆中得《大乘起信论》一卷，阁置案头，未暇寓目。病后，检阅他书，举不惬意。读《起信论》，乃不觉卷之不能释也。赓续五遍，窥得奥旨，由是遍求佛经。久之，于坊间得《楞严经》，就几讽诵，几忘身在书肆。时日已敛昏，肆主催归，始觉悟。此后，凡亲朋往他省者，必央觅经典。见行脚僧，必询其从何处来，有何刹竿，有无经卷。一心学佛，悉废弃其向所为学。

乙丑，来金陵，得经书数种。明年移居宁，于时董江宁工程之役。同事真定王公梅叔，邃于佛学，相得甚欢。复与邵阳魏刚己、阳湖赵惠甫、武进刘开生、岭南张浦斋、长沙曹镜初诸君子游，互相讨论，深究宗教渊源。以为末法世界，全赖流通经典，普济众生。北方《龙藏》既成具文，双径书本又毁于兵燹。于是发心刻书本藏经，俾广流传。手草章程，得同志十余人分任劝募。时发心最切者，为江都郑学川君。郑君未几即出家，名妙空子，创江北刻经处于扬州东乡之砖桥鸡园，刻经甚多。居士乃就金陵差次，擘画刻经事。日则董理工程，夜则潜心佛学。校勘刻印而外，或诵经念佛，或静坐作观，往往至漏尽就寝。所办工程，费省工坚，轶其侪辈。曾、李诸公，咸以国士目之。知其淡于名利，每列褒奖，不令前知。夙著勤劳，身兼数事，颇以障碍佛学为苦。癸酉岁，屏绝世事，家居读书。北洋李文忠函聘办工，辞不往。是岁参考造像量度及净土诸经，静坐观想，审定章法，延画家绘成《极乐世界依正庄严图》《十一面大悲观音像》。并搜得古时名人所绘佛菩萨像，刊布流通，以资供奉。

甲戌，泛舟游历苏、浙，礼舍利，朝梵音。闻洞庭西山有古刹，度多旧经，只身独往，搜求殆遍，迄无所得，而资斧缺乏，几至不成行。时家计亦艰窘，因复就江宁筹防局差。综计数年以求所刻之经，渐次增益。择定金陵北极阁，集资建屋，为藏庋经板地，延僧住持，供奉香火。旋为人所觊觎，起争端，乃移藏家中，延友人专司其事。居士后虽暂离金陵，而刻印不辍。

光绪元年乙亥，经理汉口监局工程。明年，曹君镜初约赴湘议长沙刻经事，兼受曾惠敏聘，襄办传忠书籍，因获览南岳之胜，登祝融峰顶。戊寅，惠敏奉使使欧洲，随赴英、法，考求法国政教生业甚详。精究天文显微等学，制有天地球图并舆图尺，以备将来测绘之需。期满假归，辞不受奖，仍以刻经为事。

壬午，至苏州，觅藏板之地于元墓山香雪海，经费未集，购地未成，比辍议。丙戌春，应刘芝田星使召，随往英伦，考察英国政治制造诸学，深明列强立国之原。三年既满，先行假归，仍不受褒奖。居士时已五十有三。尝语人曰："斯世竞争，无非学问。欧洲各国政教工商，莫不有学。吾国仿效西法，不从切实处入手，乃徒袭其皮毛。方今上下相蒙，人各自私自利，欲兴国，其可得乎？"复以世事人心，愈趋愈下，誓不复与政界往还。乃于东瀛购得小字藏经全部，闭户诵读。

庚寅夏，走京师，礼旃檀佛像，并求藏外古德逸书。适居士内弟苏少坡随使节东渡，则寓书南条文雄君，广求中国失传古本。南条学梵文于英国，与居士素稔。厥后由海外得来藏外书籍二三百种，因择其最善者，亟付剞劂。资不给，则出售西洋赍回之各种仪器充数。甲午，与英人李提摩太君译《大乘起信论》，译成英文，以为他日佛教西行之渐。乙未，晤印人摩诃波罗于沪渎，缘其乞法西行，兴复五印佛教，志甚恳切，居士于是提倡僧学，手订课程，著《初学课本》，俾便诵读。一以振兴佛学，一以西行传教，庶末世佛法有普及之一日。是时，日本真宗设本愿寺于金陵，幻人法师建讲席于江南，相与辩论教宗，书牍往来，不惮万言，期以补偏救弊为宗。

丁酉年，筑室于金陵城北延龄巷，为存经板及流通经典之所。是夏，孙太夫人寿终。阕服，诏其三子曰："我自二十八岁得闻佛法，时欲出家，徒以有老母在，未获如愿。今老母寿终，自身亦已衰迈，不复能持出家律仪矣。汝等均已壮年，生齿日繁，应各自谋生计，分炊度日。所置房屋，作为十方公产，以后毋以世事累我也。"居士自此得安居乐道，然会释经疏，维持法教，日无暇暑。尝语人曰："吾在世一分时，当于佛法尽一分时之力。"戊戌夏，患头风，电召长子自新由沪归来，嘱曰："我病如不起，《楞严正脉科判》可托陈樨庵成之，以完此书。"嗣幸医药奏效，得以渐痊。

丁未秋，就刻经处开佛学学堂，曰祇洹精舍。冀学者兼通中西文，以为将来驰往天竺，振兴佛教之用。国文、英文，同志任之；佛学，居士自任之。就学者缁素二十余人，日有进益。未及两稔，因经费不给而止。宣统庚戌，同人创立佛学研究会，推居士为会长。月开会一次，每七日讲经一次，听者多欢喜踊跃。居士悯宗教之颓衰，悲大道之沉沦，非具择法眼，难免不为邪见所误。见日本重印《续藏经》，多至一万余卷，似驳杂，特加以选择，归于纯正，详订书目，编辑提要，以示门径。志愿未遂，慧灯辍照，悲哉！辛亥秋初示疾，自知不起，回忆往时刻经事，艰苦备尝，而《大藏辑要》未睹成书，心愿戚戚，及得同志三人，承认分任,则熙怡微笑。佛学研究会同人,择于八月十七日开会,集议维持保护金陵刻经处之法,并议举会长一席。会席未散,居士已于申刻去矣。是日上午,犹与同人详论刻经诸务,及闻近得古本注释数种,欢喜不已,曰:"予幸得闻此书之存也!"午刻,嘱家人为之濯足剪指甲。至时,乃曰:"此时会友当已齐集会所矣。"须臾小解,身作微寒,向西瞑目而逝。面色不变,肌肤细滑不冰,所谓吉祥而逝者非欤!病中嘱其子媳曰:"我之愿力,与弥陀愿力吻合,去时便去,毫无系累。惟乘急戒缓,生品必不甚高,但花开见佛较速耳。尔等勿悲惨,一心念佛,送我西去,如愿已足。"

居士弘法四十余年,流通经典至百余万卷,印刷佛像至十余万张,而愿力之弘,所嘱望于将来者,更无有穷尽也。著有《大宗地玄文本论略注》四卷,《佛教初学课本》,《阴符》《道德》《庄》《列》"发隐"诸书,久已风行海内。又《等不等观杂录》,《论》《孟》"发隐"各若干卷待梓。居士卒年七十有五。配苏夫人,先居士十八年卒。子三人,长自新、次自超、次福严;孙七人,庭芬、桂芬、颖芬、智生、缘生、雨生、祥生;曾孙,时逢、时中。

杨仁山笺释道书考

龚鹏程

一

用佛教义理来解释道书，当起于唐代成玄英的《庄子义疏》。嗣后解者渐众，如憨山之注老注庄，久为世稔。近代章太炎《齐物论释》，亦具盛名。

据欧阳渐《杨仁山居士传》记载："居士之规模弘广，故门下多材……而唯识法相之学有章太炎……等"，直以章氏出于杨文会仁山之门。太炎是否真如其说，学佛于仁山，仍俟考。但他学佛初受启发于友人夏曾佑，而夏氏确是仁山的弟子。杨仁山过世后，在日本开的追悼会，也是太炎等人发起的。因此，从佛学渊源上看，两人应是确具关系；太炎以佛理解释庄子，或许也受启发于仁山。❶

---

❶ 太炎在日本时，曾与余同伯函，建议杨仁山派弟子赴日共同学习梵文，共同支付教师薪水，并请余氏接待一位印度来的婆罗门。因函中有"婆罗门，正宗之教，本为大乘先声，中间或相攻伐，近则佛教与婆罗门教已渐合为一家"等语，为杨、余两氏峻拒，谓："如来在世，转婆罗门而入佛

可惜对杨仁山办金陵刻经处，提倡佛学的事，知者固多；对他曾注解道书这一点，却很少有人讨论过。我去年恰好在金陵度岁，徘徊于刻经处旧址等地，霜冷风寒，不免有些感触，故简述其梗概如后。

杨仁山是晚清最重要的佛学推动者，于一八六六年创金陵刻经处，刊印佛书无数。可是，日本藏经书院想把他的著作汇为全集，刊入《续藏》时，他提出的书单却非常怪异。他说："鄙人著述甚少，已刊成者，有阴符、道德、冲虚、南华四经《发隐》一册，《佛教初学课本》一册。"《佛教初学课本》，乃是佛教三字经之类的东西，除此之外，就都是对道家典籍的阐释了。这对一位著名佛学大德来说，不是甚为奇特吗？何以如此？

杨仁山自己说："幼时喜读奇书，凡道家兵家以及诸子莫不购置。"❶友人张尔田《杨仁山居士别传》也说他年轻时，"黄老庄列之术，靡不探赜"，则是老庄乃其素习也。且又因仁山虽学佛，却并不废道，主张佛道相通，故《等不等观杂录·卷五·与沈雪峰书》云："奉赠拙作《阴符经发隐》，并送孙绍鼎比部一册。孙君信罗近溪之语，不出明了意识边事。若能进而求之，将如来一代时教，究彻根源，则知黄老孔颜心法，原无二致，不被后儒浅见所囿也。"

教，不容丝毫假借。今当末法之世，而以婆罗门与佛教而为一家，是混乱正法，而渐入于灭亡，吾不忍闻也。"(见《杂录》卷八，代余同伯答日本末底书一，末底即章太炎之日本名。) 章大为不满。以此推测，晚年章与杨之关系恐不甚密迩。

❶ 《阴符经发隐·序》。

早年喜读道书，后来学佛了，但又主张佛道相通，所以他就取道书来笺释，"以佛道相通"之旨解之，其原委大抵如是。但此中亦非毫无周折，《杂录》卷六《与郑陶斋书》云：

鄙人学佛以来，近四十年，始则释道兼学，冀得长生而修佛法，方免退堕之虞。两家名宿，参访多人，证以古书，互有出入，遂舍道而专学佛。如是有年，始知佛法之深妙，统摄诸教而无遗也。盖道家首重命功，佛家直须命根断。命根断，则当下无生，岂有死邪？……若认定金丹秘诀修成之仙，或为仙官，或为散仙，总不出上帝所统之界，不过高于人界一等耳，虽寿至千万岁，亦有尽时也。……昔昙鸾法师舍陶宏景所传之仙诀，专修十六观法，往生净土，岂非人杰也哉，愿与同志效之。❶

这是显斥道教求仙之说，欲人如昙鸾般舍仙诀而求无生。可见仁山对道教之说有弃有取。取者，如《与陈南陔书》云："自弱冠至今，以释氏之学治心，以老氏之道度世，与人交接，退让为先。"❷弃者，则为金丹修仙之类，《代陈栖莲答黄掇焦书二》说："道家之阳神，乃佛经之业识也。所证果位，在欲界以下。必须超出三界，永脱轮回，方称大丈夫事业。若论三教，儒道之高者，始能与佛理相通，皆是菩萨影现，行权方便耳，至于《吕祖全集》，无意求观，恐防阅经功课也。"❸

---

❶《冲虚经发隐》也说："不死之道，出自于黄帝，战国末时已失其传，秦皇汉武求之不得。后来金丹之术行于世间，真伪杂出。梁隐士陶弘景得其真传，授之沙门昙鸾。鸾遇菩提留支，详论不死之道，遂焚仙经而修净土。"

❷《杂录》卷五。

❸卷六。

又《与黎端甫》批评邓厚广"不假乩坛，但心念某神，神则附体，信笔疾书皆神之所为"的做法是"以《楞严》证之，即天魔飞精附人之类也"，会将学道的人牵入魔网。不但如此，"道家所说元始天尊，即佛经大梵天王。佛未现身，大梵天王自以天地万物由我一念而生，故又名为大我慢天。佛现身时，梵王帝释，请佛说法，恭敬供养。是佛为十法界之尊，帝释但为欲界三十三天之尊，梵王但为色界初禅之尊，有世间出世间之别也"❶。这些言论，均表明了他颇有舍道专佛的部分，认为道家只有一小部分，也就是义理最高者，始能与佛相通。

当然，这种态度，就一位护教者来说，仍算是宽容的，他对其他教可就没那么客气了。例如婆罗门与基督教，他就完全不能接受，且说基督教出于婆罗门。《与夏穗卿书》道："基督天方之学，皆以事天为本，其源出于婆罗门，而变其规模也。婆罗门教最古，以大梵天为主，或有宗大自在天者，皆从人道而修天道，不出六凡之表。佛教兴，而婆罗门之明哲者多从佛教，利根上智，现证阿罗汉果，即出六凡而为四圣之初门。可见佛教非出于婆罗门也。西人在印度考求各教，但求形迹可据者载之，谓佛教后出，遂以婆罗门为其源。"❷

这完全是没宗教知识的话，但甚可显示他对婆罗门与基督教的排斥之心。邓厚广把上帝作为太极之总纲、伏羲为次总纲、儒道释为分见之总纲，被他痛斥："此等言语，为西教之先道，他日必有因此而舍三教，专崇基督者，其害可胜哉？"也是基于

❶ 卷六。
❷ 卷六。

同样的敌视之心。❶

　　就是在佛教内部，他也一样有检别、有弃取。例如他要人勿阅《吕祖全书》，亦同教人勿阅《金刚经》五十三家注。他批评道教中金丹求仙与游神之法，亦同样抨击佛教内部："禅宗一派空腹高心，西来大意，几成画饼。台教一派，尚能讲经，惟泥于名相，亦非古法。"对日本净土真宗更不敢苟同，与之反复辩论，集成《阐教编》一帙。

　　于此，便可见他对道教某些部分固有讥评，整体上看却无恶感，而且还显得出努力会通的模样。就是贬抑或否弃道法，亦仍将之收摄到佛教里去说。例如说道家之阳神即佛经之业识、道家之元始天尊即佛经之大梵天王之类。

　　这也就是杨仁山论道书的基本方法：尽量由佛教义理去理解道书，说佛道相通。但并非所有道书均可以或值得如此做，只有少数经他捡别择取者，亦即只有义理最高者，才能在他的解释下与佛相通。

　　经他挑选出来的，就是上文提到过的：《道德经》《南华经》《冲虚经》《阴符经》，他分别为它们做了《发隐》。

---

　　❶ 甚至于，他反对孟子，也是说孟子之说可为洋教所借口。《孟子发隐》曰："上天之载，无声无臭，此言于言天者也。孟子言天，迹涉有为，是高于天下一等耳，西教盛行，当以孟子为证据也"。此非褒，乃刺也，故下文云："与贤与子，皆天主之，后世暴与虐亦天主之。天既能主，何不尽弃暴虐而与圣贤，则永远太平，不见乱世矣。"

二

此四书中《阴符经发隐》最早刊行。自序说：读此经觉其文字甚奇，"遂悉心体究，而后恍然古圣垂教之深意，直与佛经相表里"，故为疏释其义。然此经历来从未有用佛义解释的。所以他也须对此做些自我辩护：

或曰："古今解此经者，非指为兵机，即演成丹诀，子独以佛教释之，何也？"曰："圣言如摩尼宝，仁者见之谓之仁，智者见之谓之智。且此经之可贵，有如黄金，若作铜铁用之，岂不可惜？故余直以甚深之义释之。"

或曰："论道之书，与佛经相通者多矣，子独高视《阴符》何居？""尝观《关尹子》而知非古书也，故于《阴符》而特尊之。《关尹》规仿释老以文其说，显系后人赝作，况不及《关尹》者乎？《阴符》无一语蹈袭佛经，而寻其意义，如出一辙。"

以上两段，一是从读者说，一是从作品说。由作品说，他认为《阴符》字句险隽，脉络超脱，非后人所能做；微言奥义，多出于黄帝；且"寻其意义"与佛同出一辙，虽然它在字句上并不与佛经相同。由读者说，则他强调读者读一作品，可以仁者见仁、智者见智，故他径以佛义解道书，亦无不可。这个立场或方法，也通用于他解老庄列诸书。

此说，在方法学上实有特殊之意义。

因为从前的笺注诠释者，基本上是以发掘作者之原义为依归，把作品视为客观文本，笺释者只要不主观介入，切实掌握历史相关背景知识、语文训诂，便能还原古本之原貌，了解古人写作之原意。清代乾嘉朴学所提倡者，即是此一方法。杨仁山之后，五四新文化运动，胡适所提倡的科学方法，同样属于此类历史实证主义方法。

可是，我们若注意到清朝乾嘉与民国五四之间的那个中间地带，就会发现批判乾嘉学风之常州派，在咸丰年间提出了一个新的方法。

当时常州派经学以治《公羊传》为主，乃亦以其诂经之法说词。《公羊传》，是讲微言大义的。此类大义微言在字句上并不易考见，多存于口说，或须治经者由其辞例中推寻玩索而得。词亦是如此。词中男女绸谬、情致婉变而已，可是说词者却要由这些情爱辞语中玩索推寻出比兴寄托之旨来。

一首温庭筠的《菩萨蛮》，但云女子弄妆梳洗迟，懒起画蛾眉，张惠言则谓其有《离骚》初服之意，便是如此。批评者常会问："温庭筠果有此意乎？"他们就回答："作者未必然，而读者何必不然？"❶或说："临渊窥鱼，意为鲂鲤。中宵惊电，罔识东西。"❷读者看作品，犹如中宵为雷电所惊，但见闪光，却未必能判断雷电在哪个方向，只能大体猜测；亦如在岸上看游鱼，觉得那是鲂这是鲤，实则也很难确指。既如此，读者何庸拘泥于原义之考求？整个阅读的目标就转向了，作者怎么说并不重要，也难以考证，反而是读者可以用各种方法去解读它，用各种意义去诠释它。

常州派这种诂经解词之法，在深受历史实证主义影响的人看来，等于是说不论作者写的是什么，读者自有他乱读的权

---

❶ 谭献语。
❷ 周济语。

利，当然会觉得难以接受。但此法其实古已有之。乃今文学家之惯技，解诗者亦常用之，如王船山《诗绎》就曾说："诗可以兴、可以观、可以群、可以怨。……可以云者，随所以而皆可也。……作者用一致之思，读者各以其情而自得。故《关雎》兴也，康王宴朝而即为冰鉴。'吁谟定命，远猷辰告'，观也，谢安欣赏而增其遐心，人情之游也无涯，而各以其情遇，斯所贵于有诗。"❶

此种解读法不但源远流长，在事实上或许也比较切合实况。大部分作品的所谓原义，其实也都是读者所读出来的。读出了某个意思，宣称它即是作品本身之义，或即是作者之义。可是因为别人又读出了不同的意思，所以笺释家彼此之间才有那么多争论，争着论辩谁的解释才符合原意。但仔细一想，就知：倘若本义原义真是客观存在且可考求的，那又何至于众说纷纭呢？与其纷纷以自己阅读所得，冒充作者作品之本义，倒不如像谭献讲的那样，率直说明："作者未必然，读者何必不然！"

即以老庄言之，古来有时视之为道家书，也有人由宗教角度去读它，如《想尔注》之类的，亦有人说老子乃阴谋家，《阴符经》乃兵学，诚如庄子所云：呼我为牛则牛，呼我为马则马。用佛理释老庄，亦是同一种情况。此非"作者用一致之思，读者各以其情而自得"乎？

道咸以降，如常州学派这类方法学主张，便是将上述这种事实予以显化，具有方法学意识，用以反对乾嘉朴学的。杨仁山之交友圈，本来就在常州、武进、南京这一带，或亦曾受其风

❶ 另详龚鹏程《无题诗论究》，收入《文学批评的视野》，一九九〇年，大安出版社。

气影响。只不过，当时诸家仅以此法说经、解诗词，杨氏则用到了道书之解释上。

但是，这个解读法也有个危险，即自我瓦解之危机。

怎么说呢？它由"读者何必不然"（亦即杨仁山所谓可以仁者见仁智者见智），取得了可以这样解释作品的正当性，为自己的说解辩护。可是你可以如此说，他人也可以彼说。甲说乙说，既均无不可，则何所质正？到底谁说的对？若云一切解释随所以而皆可，无定解，亦无正解，便入于虚无主义，我之所以这样解而不那样解，亦便无意义。若谓诸家解释互异，但仍可找到一个正解、定解，那么这个判断的依据又是什么？标准既不可能在某甲处，亦不能在某乙处，那就只好仍以作者之原意、作品之本义为依归了。这岂不又绕回了原点？整个解读活动，依然要以寻找本义为职事。此非自我瓦解而何？

为此，主张读者有权利"乱说"的人，乃又必须在甫强调可如此说之际，随即改口说如此解释才是或才符合作者之原义。杨仁山即是如此：

太史公言庄周作《渔夫》《盗跖》《胠箧》以诋訾孔子之徒，以明老子之术。岂知《渔夫》《盗跖》皆他人依托，大违庄子本意。……尝见《宗镜》判老庄为通明禅、憨山判老庄为天乘止观。及读其书，或论处世或论出世。出世之言或浅或深，浅者不出天乘，深者直达佛界。以是知老庄列三子，皆从菩萨般若海逆流而出，和光混俗，说五乘法，能令众生随根受益。❶

依《阴符经发隐·序》说，摩尼宝珠既可仁者见仁智者见

❶ 《南华真经发隐·序》。

智，则一部《庄子》自然可令众生随根受益。但杨仁山又并不认为只从人乘天乘声闻乘读《庄子》是对的，所以他要强调老庄列出世的一面，亦即佛乘菩萨乘的部分。而且，凡不能读出老庄列子书中为这些"与佛经相表里"成分的人，他就觉得只是俗解、是大违老庄列子的本意，故勉人"观内外典籍，须具择法眼，才不随人脚跟转"（《阴符经发隐·序》）。像此处，他批评史迁不懂庄子、大违庄子本意，把自己读出来的《庄子》书之性质，迳视为庄子本身的含意，都明显呈现了这种态度，自矜正解，且即以己之所解为老庄列子之本怀。《冲虚经发隐》又曰：

黄帝之教有两派，一者度世，二者经世。经世之道，学之者众；度世之道，传之者寡，至秦时而尽失矣。其存于简篇者，经世则有六经四子之书，度世唯有阴符及老庄列三家而已。三家之书，度世经世，错杂而出，非具择法眼者不能拣别。（我尚何存条）

这也是以自己所读出之意为历史上实际存在的状况，不但老庄列子书中有此度世出世之说，其说且是出于黄帝之传，与经世一派相颉颃。如此，竟是另行建构一套学术史了。

这种以辨伪或由学术史讲学说内涵的方式，塑造了言说的历史实证主义姿态，掩饰了那其实只是自己别出心裁之诠释而已。但若寻绎其为何要弄此狡狯之故，则是因其诠释方法之困难使然。

三

此种诠释方法的另一个困难，在于摩尼宝珠固然可以仁者见仁智者见智，但诠释对象毕竟仍有其客观性。黑的东西，不论如何看，总不会都变成白的。也就是说：理论上虽承认"作者未必然，读者何必不然""读者各以其情而自得"，然而实际上读者常是不能随便读的，其"然"的范围，颇受作品之制约，并不能任情解释。

因此像杨仁山要说"黄老孔颜心法原无二致"，他就只能挑拣某些书说，且这些书中也不是所有文字他都可以如此说，故又不能不再只挑拣某些篇章说。

他挑的，就是老庄列以及《阴符经》，其他道书千千万，皆所不取。不取的理由，表面上是说此书义理最高，实则是其他经典他未必熟悉，或不便以佛理去解读之。

在这四本书里，也不是每一章都能用佛理解释，如《老子》便只释了三章，《列子》释了四十二章，《庄子》解了十二章，仅《阴符经》全部解了一次。那些未解之处，即是用佛理难以解释的。对于这些部分，杨仁山说那是老庄他们论处世之法者，故不同于佛说。以此将之排除，实是以此避免了诠释的困难。

而经由他这样的处理，也可见得他是最看重《阴符经》的。他用佛理解释道书，首先做的亦是《阴符经发隐》，次为老，再次为列，复次为庄。

虽然诠释者可以挑拣比较容易用佛理解释的篇章去解读，但这个文本的文句本身仍会起着限制作用。

例如杨仁山刊印佛经时，系以华严与净土为主，他自己也多次强调他"教尊贤者，行在弥陀"，在笺《阴符》时更说："论道之书，莫精于佛经，佛经多种，莫妙于华严。悟华严宗旨者，始可与谈此道矣。"似乎是以华严教法来诠释着《阴符经》，却其实不然。注《老子》三章，倒有两章用华严之说，一用其十玄六相以说重玄，一用华严十世。注《阴符》则无。不仅未涉及华严，也未用净土说，反而是以禅宗之说为主，辅以心识之论。其所以如此，我觉得就是文本的客观性限制或导引了他发挥的方向与空间。《老子》论道化之处较多，故可以华严法界比附；《阴符》教人执天之行，盗天地之机，故易以心性之功为说。犹如《庄子》说心斋，说混沌，说齐物，杨仁山就其言而释义，援用佛理之处又与上举二书不同也。

也因为如此，所以杨氏的整体佛学见解其实并不易在此类笺释中看出来。牵就文句，相机而作，就其可以说之以佛理者说之，本来也就不是要借此以见自家宗旨。也不是先有了一套理论，再借古人酒杯浇我之块垒。反因要随文敷义，其间参错佛义，时见扞格。

如《阴符经发隐》大体是用禅宗。禅宗明心见性，故曰："上智之士，一超直入，所谓初发心时便成自觉。"顿悟是也。就算是顿中之渐法门，也仍是伏业识而发妙智。其转邪归正之法，他以止观法门为说，云："炼者，炼其心也，以智慧火销烦恼垢，有炼矿成金之效。……以止观炼其心。"其下更举《金刚经》应无所住而生其心云云，及般若无知等语，亦均不违禅宗治心之义。

可是继而又说："上篇人心之机，但是妄动，未曾对境，故上根一踏，便登圣境。此言盗机，乃是起念取境之机。从此入者，尚须升进，方登圣位。"起念对境及次第升进之说，便非禅家旨趣。

接着再说："上文心生于物死于物，妄心之生死，刹那不停也。此以调息为门，息出曰生，息入曰死，生死轮回，互为其根也。断生死，入涅槃。"既以生死指妄心，又以生死指调息。依禅家之说，讲妄心生死是可以的，以调息说生死便无谓。这乃是牵扯道家修持法门而形成理论上的矛盾。佛教是要断生死的，若把生死指为气息出入，难道僧人修心就是要闭息求死吗？理论在此，就不通彻了。

再者，杨仁山是倡净土的，《十宗略说》强调此宗殊胜，曰："后人喜提唯心净土、自性弥陀之说，拨置西方弥陀，以谓心外取法，欲玄妙而反浅陋矣。岂知心外无境，境外无心，应现无方，自他不二。……彼修唯心净土者，直须证法性身，方能信法性土。非入正定聚登初住位不可。其或不然，仍不免隔阴之迷，随业轮转耳。"又《杂录》卷八《代陈栖莲答黄掇焦书一》也说："近代自命大彻大悟为人天师者，命终之后，难免隔阴之迷，随业流转，较之往生净土，直登不退者，相去冥帝霄壤？"这都是批评禅宗的。❶姑不论死后隔不隔阴、是否仍随业流转，是难以究诘的事；此处所说，显然是认为禅宗之悟尚不保险，仍会退转。但在笺《阴符》时，因净土说完全用不上，故仅就禅理说，云顿中顿法门，是初发心便成正觉；顿中渐，则逐妄归真。不知既然初发心便已成正觉，又何必再修净土？此非自相矛盾乎？

类似的情况，在其他各本《发隐》中也触目皆是。如解《列子》，《天瑞篇》用法界缘起说天地之德；《黄帝篇》用"进道阶级，分为四段，恰与《圆觉经》四句义同"解列子之御风，强调

---

❶ 又《杂录·学佛浅说》卷一云："证入一真法界，仍须回向净土，面观弥陀，方能永断生死，成无上道。此乃由约而博，由博而约之法也。又其次者，用普度法门，专信阿弥陀佛，接引神力，发愿往生。"亦是同一见解。

循序而进，由浅至深；接着又用念佛往生净土释商丘开信伪一段；《仲尼篇》又用如来藏妙真如性解陈大夫聘鲁一段……。单独看，会觉得其立说甚可；合在一块儿看，就会感到凌杂，诸宗杂错而出。若说此即《列子》文义所涵，则列子在佛家究竟应该归属哪一宗？若说此乃杨仁山之见，则读者亦不易把搦，但见其忽说禅忽说华严忽说净土忽说唯识，莫测其指归何在或体系究竟为何？

换言之，由于受文本本身文义脉络之限制，杨仁山这种借道书来讲佛理的方式，显得零碎，且颇有矛盾扞格之处。其实反不如他自作一书去好好谈佛理，会讲得更清楚。

不过，我想杨仁山当日不自去作书，而要采取注疏方式，借道书以说佛理，大概也自有考虑。历史上，"述"与"作"本来就是两种类型，孔子以降，述而不作，或者说"寓作于述"亦早已蔚为传统，斯即"重言"之一类也。看起来固然不若自己著作可以讲得更符合自己需要，也可以尽量表达自己，而实际上，利用读者本来已经对经典具有的信心或敬意，入室操戈，盗梁换柱，夺胎易骨，效果也许更好。

何况，"黄老孔颜心法原无二致，不被后儒浅见所囿"的信念，也只有借着用佛理解释道书才能传达。自作书，讲佛理，绝难达致此一效果。阐说佛理，讲得再有系统、再精彩，也只能接引本来就对佛教有兴趣之人。而重新笺释道书，却可能打通壁垒，让原本只喜欢道学道法的人，因此而亲近佛教、认识佛教。杨仁山或其前那些以佛理注释道书的人，如憨山注《庄子》，大概就有此用意。

杨仁山也有不少佛经注释，如《大宗地玄文本论略注》《佛说观无量寿佛经略论》，或自书佛义者，如《佛教初学课本》《十宗略说》之类，写作目的与释注道书不同，因此杨氏两行之。

四

然而，杨氏之解道经，仍有基本之关怀所在，否则就不会费气力干此等事。其关怀何在？在于寻找佛道会通的可能性。

基于这样的关怀，所以他在解释道经时，主要强调的，一是佛道皆出世之学。二是其超凡入圣之法亦相同，皆在斋心：断除缘虑业识，显明本心真性，即能超离凡情。佛道二教，宗旨相同，方法也相同。其随文笺释，阐发此义处，翻来覆去，大概主要都在讲这两点。略举数例，如：

△ 贼贼夺尽，即显真空，实返本还源之妙也。……色、声、香、味、触，皆从外来，残害理真，故曰天有五贼。

△ 智现，则业识伏；识生，则妙智藏。

△ 炼者，炼其心也，以智慧火，销烦恼垢。有炼矿成金之效，可以超凡入圣矣。

△ 盗机沾滞，汩没性灵。"动其机者"，摆脱凡情，活泼无碍，犹《金刚经》"应无所往而生其心"之意。

△ 神之神者，有知而知者也，分别意识也。不神之所以神者，无知而无不知也，根本无分别智也。此智现前，方能发起下文圣神之用。《楞严经》二种根本，一者无始生死轮回根本，即神之神也；二者无始涅槃元清静体，即不神之所以神也。

以上引文皆见《阴符经发隐》，基本理论都是说人之所以陷溺于轮回，在于业识无明。故逐物生心，流荡不返，堕在生灭门中。但若能转识成智，则可证入真如，超凡入圣，不为贼所夺。如何转呢？他提出"心"。这个心，乃是无始涅槃清净体。若能明心炼心，便可去除烦恼，得证菩提。

在《冲虚经发隐》中，杨仁山又借《梦分人鹿章》说："此梦有十重，人有六位，颠倒昏迷，莫可究诘，梦乎梦乎，何日始觉？"凡夫皆在梦中，如何才能觉呢？他又借《老成子学幻章》说："菩萨幻智法门，即自性本具之神境通，断惑证真，遂得现前受用。"自性本具之智，可断业惑，故修道人应让此本心本性发显。发显之法，可用止观法门："隔世之迷，思维心生，障蔽正智也，欲治此病，在修习止观，以证其识浪，自然正智现前，超凡入圣矣。"（文挚视疾章）理论大体与释《阴符》时相似。

这里，他大量采用唯识家转识成智之说，欲破妄识而起真心。《阴符经发隐》谓：

上篇曰心机，盖指心源妄动之机，未分能所，属第八识，即三细中之第一业相也。上等根器，方能见之，此机一转，主登圣位。中篇曰盗机，属第七识，内执见分为我，外执相分以为我所，将心取境，故曰盗机。……下篇曰目机，属前五识更显露矣；所云"心生于物死于物"者，第六意识也。

此处释义，全以八识相比附。依瑜伽行派之说，前六识为眼、耳、鼻、舌、身、意，此称为"了别境识"。因为有眼识故能了色之境，有耳识故能了声境，有鼻识故可了香境，有舌故可了味境，有身故可了触境，有意识故可了法境。第七识别称为末那识，此识即思量之意，把真心思量为"我"，因此会伴随而生我痴、我见、我慢、我爱四烦恼。至于第八识，名阿赖耶识，又名种子识，是一切的种子，它发生作用时，末那识与前六识亦开始作用。这三类八识,《成唯识论》分别以心、意、识名之,曰:"薄伽梵处处经中说心意识五种别义。集起名心,思量名意,了别名识。"杨仁山释《阴符》上中下三篇之言机,不就是用此之义吗? 他说第八识"此机一转,立登圣位",也是用瑜伽行派的转识成智说。

瑜伽行派认为八识有"有漏""无漏"之分,通过修行可使有漏转为无漏。前五识由有漏转无漏,可得成所作智(欲利乐诸有情,能在十方现种种变化);将第六识由有漏转无漏时,可得妙观察智(善观诸法自相、共相,能现无作用差别,皆得自在);将第七识转为无漏时,获平等性智(观一切法或自他有情悉皆平等);在将阿赖耶识由有漏转无漏时,获大圆镜智(离诸杂染,如大圆镜,现众色相)。杨仁山说第八识,上根器之人见之,一转即可登圣位者,指其能获大圆镜之智也。云第七识"中等根器者尚能见之,得此机者,趣大则入贤位,向小则取灭度",也是说能转为无漏便可得平等性智,否则就流于有漏,无法超渡。杨氏又说前六识"此等根器纵能悟入,多在信位,亦有未入信位者,作将来胜因,所以不说证道之相"。采用转识成智说,非常明显。

但是,在佛教内部,转识成智之理论其实是充满争议的。依楞伽地论之说,八识中,阿赖耶识本身就是真常净识,具有觉悟的能力,可转其他各识。但摄论宗认为:能转阿赖耶的,乃是第九识,阿摩罗识,此识可转八识。《大乘起信论》则视阿赖耶识为染净同依,迷染未觉时是阿赖耶,觉悟时就是清静如来藏,由心生灭门转入心真如门。

为什么会有这么不同的看法呢? 如前所述,阿赖耶识乃种子识,《成唯识论》说"第八名心,集诸法种起诸法故",即指此。一切现象皆为识中藏摄的这一种子所转化变现,因此,阿赖耶识是藏摄一切善恶、有漏无漏之种子,而为善恶正负得以产生之依据。既如此,他本身就该是非善非恶中容无记性的,可以兼容善恶的活动而不生排斥,让生命成为一个统一体,一切善恶都在此发生。但在心识这个问题上,佛教另外一些派别发展了其他的讲法,遂让阿赖耶识的性质复杂了起来。

这主要是指如来藏系经典。如《胜鬘经》云众生皆有如来藏,它是众生的自性清净心,因被贪嗔痴所覆遮,故若能去除遮蔽,恢复本心之清净,便可成佛。《楞伽经》里也谈到类似的观念,所谓如来识,意指如来之种性,存藏于人心中,此即人能成佛之内在根据。

而众所周知,佛教部派思想采取的乃是一阐提不能成佛的观念,对于人如何可成佛,各派也各另有看法。吉藏在《大乘玄论》中总结各种"佛性"说为十一种观点,或以六法、或以真神、或以第一义空,其中"第七师以阿赖耶识自性清净心为正因佛性"❶。可见主张以自性清净心为成佛依据的,只是其中一小派。一些经典,如《大毗婆沙论》更曾对心性本净,被客尘污染了才不清净之说予以批判。此经卷二十七云净心与染秽的客尘烦恼相杂后,为什么一定是清净心被污了呢?清净心就不能净化客尘吗?若说客尘本性染污,虽与清净心相杂,亦不受其影响,则清净心应该也一样,不当受客尘染污才是。再说,本心是在客尘之前生,抑或与客尘烦恼俱生?若是先生,住待烦恼

---

❶ 卷三。

来染，便非无住之心。若是俱生，则又怎么能说是心性本净？

此皆破如来藏本性净心说的。但在中国，如来藏系思想渐受儒家讲本心善性的思想倾向所影响，越来越昌盛。乃至阿赖耶与如来藏合流，前文所举《楞伽经》说阿赖耶本身就是真常净识，或《大乘起信论》说阿赖耶染净同依，迷时为阿赖耶，悟时即如来藏，均属于此等调合之说。故虽云染净同依，却与摄论师不同。依摄论师云：阿赖耶乃妄识，唯其中亦有净者（因染净同依故），修行后，染渐去，而净者可证入第九识阿摩罗识，又名无垢识。此时阿赖耶便无如来藏之意涵。

杨仁山之说转识成智，亦是牵入如来藏。注《阴符》于"至静之道，律历不能契"底下说："此段以奢摩它，显真谛理，证空如来藏。"又在"阴阳相胜之术，昭昭乎进乎象矣"底下说："此段以禅那，显中谛理，证空不空如来藏。"且于"爰有奇器，是生万象"下云："此段以三摩钵提，显俗谛理，证不空如来藏。"援引如来藏思想，甚显，但尚未将之与阿赖耶合一，《道德经发隐》就有了：

谷者，真空也；神者，妙有也。佛家谓之如来藏。不变随缘，无生而生，随缘不变，生即无生。生尚不可得，何有于死耶？玄者，隐微义；牝者，出生义。佛家名为阿赖耶。此二句与释典说如来藏以谓阿赖耶同意。

阿赖耶，本只是种子识，即杨仁山所谓："从阿赖耶变现根身器界，或谓之门或谓之根，奚不可者？"种子识中容无记，其实与本心清静如来藏云云并不相同，杨仁山接受的，是两者糅合过的思想，所以才把两者合起来说。而此如来藏，又被他视为道之本体，《南华经发隐》论孔子与颜回谈心斋一段说：

从耳门入，先破浮尘根，次破分别识，后显遍界不藏之闻性。即是七大中之根大。……听止于耳，释浮尘根之分齐，根尘交接，滞而不脱，所以需破。心止于符，释分别识之分齐，五根对境，有同时意识。与五识俱，不前不后，故谓之符。此识盖覆真性，所以须破。……自性真空，物来即应，故为道之本体。

根尘业识覆盖真性，破之则见真性。这种斋心之法，便是用如来藏说。但这个真性又被他解释为道之本体，是真空的，却又有些周折。

依大乘空宗说，缘起性空，以空为道之本体，是没有问题的。可是，据瑜伽行派之见，乃是空境而不是空识，也就是"体有相空"，心识是主体，这个主体是实有的，境为外相，此相才虚假不实，因为相由心识而生，故相空而心识不空。当然，这种"有"或"不空"，也与一般认知中的有不同，故《成唯识论》说："为遣妄执心所外实有境，故说唯有识。若执唯识真实有者，如执外境，亦是法执。"[1]可是这个理有不空的识，毕者不能与缘起性空之性比配着说。这就显示了杨仁山在诠释道理时，其理论依违于如来藏、阿赖耶、空宗、瑜伽行派诸说间，不无混揉附会之处，说义未尽通圆。

五

论心斋一段，是借孔子与颜回对答发义，在杨仁山所注道经中，这也是他最看重的一种状况。不但道经中引用孔子或颜回处均被他挑拣来做笺注，就是本经未曾述及，他也会在释义

---

[1] 卷三。

时牵引上孔颜。例如《阴符经发隐》说"天发杀机"一段，以"孔子赞颜回：退而省其私，亦足以发，同此发字"作结；"人知其神之神，不知其神之所以神"下以孔子曰"吾知之乎哉？无知也。亦是此意"作结，均是如此。《冲虚经发隐》论《梦游华胥》《赵襄子狩山中》《华子病忘》《仲尼闲居》《陈大夫聘鲁》《西方圣人》《两儿辩日》皆亦引孔子。《两儿辩日》一篇，本文是嘲孔子，他却说："此章与二僧论风幡相似。所谓大小远近炎凉，皆是六识妄缘，却无实义，若离遍计性，此等情见纤毫不起。孔子见两儿迷执太坚，不能晓以大道，故且置之，而任其讪笑。"他对孔子之态度可见一斑。

其所以如此，自是因他认为佛教与黄老孔颜心法原无二致使然，因此努力地要证成这一点。

历来说儒道，有主合与主分两路。主合一路，谓孔子问礼于老聃，孔子卒后儒分为八，其中颜氏之儒得闻天道性命，即近于老学，庄子或许就是这一派之传，故《庄子》多引孔颜之说。主分一路，谓孔子问礼于老聃为杜撰，儒家重礼教而道家贵自然，正好相反，故儒以道为异端，道则屡举孔子以为讪笑。杨仁山是主合的。因此说：

列子书凡八篇，《仲尼篇》居第四，述仲尼之事有四章。……启无乐无知之妙境，而后圣人之心和盘托出矣。颜子当下大彻，不觉五体投地。……观庄列二书推尊孔子处，岂可以异端目之？❶

把儒道合起来，然后再接着说孔子与佛不二，于是佛与老

---

❶ 《冲虚经发隐》仲尼闲居。

也就合了。像此处所说孔子的无乐无知境界，他就以般若真空来解释，《论语发隐》谓："孔子与佛有二致乎？设有二致，则佛不得为三界尊，孔子不得为万世师矣。……夫无知者，般若真空也，情与无情，莫不以此为体，……"释义有僧肇《般若无知论》的气味，而把佛孔推并一处之用意也非常明显。

在解释孔佛不二时，理论亦与说心斋时相同。颜渊问仁，子曰："克己复礼为仁。"杨氏释之曰：

己者，七识我执也。礼者，平等性智也。仁者，性净本觉也。转七识为平等性智，则天下无不平，而归于性净本觉也。盖仁之体一切众生本自具足，只因七识染污，意起俱生生分我执，于无障暗中，妄见种种障暗。若破我执，自复平等之礼，便见天下人无不同仁。❶

此段大抵与《庄子发隐》所述相同，在那儿补了一句颜回说："未闻师训，妄执为我。既闻师训，本来无我。"破我见识执，复其本性，即是他所谓的克己复礼。唯如此言性，此一性净本觉之性，乃是个空性，与儒家所说的良知善性迥然异趣矣。

杨仁山当然深知此中分际，因此他的策略就是高扬孔颜而批驳孟子。说孟子"见道未彻。其所言性，专认后天，而未达先天，以赤子之心为至善，不知赤子正在无明窟宅中。其长大时，一切妄念，皆从种子识内发出""性本无生，而以生为性。孟子就生字上判犬牛与人性有差别，是以随业受生之识为性。岂知六道智愚，虽判若天渊，而本原之性未尝异也"。❷

---

❶ 《论语发隐》。

❷ 《孟子发隐》。

孟子所说犬羊与人性之不同，其实恰好不是由生之谓性上说，而是超越地说，就人能成为尧舜、人能发生恻隐羞恶之感的依据上，去说本心本性。杨仁山所释全属误解，故批评亦不中窍。其说先天后天，实则孟子亦是说先天，非指后天之习染与因缘。只不过他所认为的先天不是孟子的先天罢了。这个分歧，在于儒家讲的本心本性良知良能或仁，都是实有之主体，是有我的。杨仁山采佛家义，他所说的本性清静心却是空，是要去我的。因此二者虽都说心说性，实相矛盾。杨仁山推孔颜而批孟子，意在钩合佛儒。待其再传，熊十力乃作《新唯识论》。这勉强钩合的差异，终于裂了开来，再也无法弥缝了。因此就思想史的意义说，杨仁山的做法，正是尔后新儒家与支那内学院争论的一个起点。

证成佛教与黄老孔颜不二，在儒家这方面发生的问题，同样也出现在跟道教的关系上。杨仁山以佛理解说老庄列以及《阴符经》的情况，上文已有介绍，这种解释在处理道家"气"的问题时也不免左支右绌。请看下文：

人心之不能定者，以其放纵也。今欲收摄身心，以成大定，其要在于气耳。擒之者，制心一缘也。气者，息也。调息乃有多门。凡夫、外道、大小三乘所通用者，以数息为先，极而至于获无生忍。《楞严经》内，反息循空，即证圆通，又令观鼻端白，而得心开漏尽，成阿罗汉，气之为用大矣哉！

这是《阴符经发隐》中说的用气之法，以调息当之，并引佛经，以示此乃佛道所同。又《冲虚经发隐》解扁鹊换心事也说：

《悟真篇》内有"投胎、夺舍并移居"之句。投胎者，住胎十月方生也。夺舍者，胎中婴儿本有识神，于初胎时，被有力者撞而夺之也。世人临产，见有僧道或显者来，即此类也。移居者，必炼气功深，趁人熟睡而换之。

不但引《悟真篇》为释，更坐实道教换人神识之术，且说移居之法需炼气功深者乃可。这些都是实指炼气法的。但是庄子引孔子论心斋时说："无听之以心，而听之以气。"杨仁山的解释就不同了：

何以名之为气耶？盖所谓气者，身内身外、有情无情，平等无二者也。……气也者，虚而待物者也。名之为气，其实真空也。自性真空，物来即应，故为道之本体。

这里把气虚化，说只是名之为气，其实是真空之自性。这是与上述几段说气全然不同的路子。同样的情况，又见于《冲虚经发隐》论孔子废心而用形一段。那一段亢仓子说："我体合于心，心合于气，气合于神，神合于无。"杨仁山释之曰："神体合于心者，融四大入识大也。心合于气者，融识大入风大也。风之为用，扫除云雾，显现真空也。又风者动性也，由动中见不动，则证常住真心矣。气合于神者，风力无依，即如来藏妙真如性也。"风可扫除障蔽，显露真心，是以气之用说。气合于神，即如来藏妙真如性，是以气之体说，故下文总结谓："此章专就用处显道，令人即用知体，体用无之也。"若体用无之，则气在此便毕竟是空的。这种空的气，与那可炼可调息之气，当然不会是同一回事。

换言之，就佛教义理说，杨仁山必须主张气是自性真空；但此意往往受道家观念之牵引，以致在某些时候，他也会把气朝实体化方向去解释，说调息、说炼气。在杨仁山，或许会认为把气朝实体化方向去解释，将之视为方便，并无大碍，因为某些佛经也讲数息、讲调息。但一来那只是就禅定功夫说；其次是数息之法，多属早期小乘功夫；若是如来藏清静心之发显，便亦无庸此类功夫；以气说心说性，更与空有二宗不契。因此，我认为这是他在以佛理解道经时，受道教理论影响而造成的困难与混淆。这个混淆，在杨仁山时并未妥予解决，其后学则因对道家道教均无研究，故亦并无人赓续发展此一论题且予以解决之，不像新儒家辩儒佛异同那样，实在是历史的遗憾。